# フランス経済学史教養講義

資本主義と社会主義の葛藤

橘木俊詔

明石書店

# 序文：なぜフランス経済学史か

本書の目的は、フランスの経済学の歴史を長期間にわたって辿り、評価することにある。もとより専門の経済学徒に関心を持ってもらえるように、学問的なこと、専門的なことに目標を定めたが、必ずしも学問的なことばかりではなく、経済学を勉強したことのない人の教養書として読んでいただけるような配慮をしたつもりである。

一般に経済学は、マルクス経済学を除けば、イギリス、アメリカを中心としたアングロ・アメリカンの学問と見なされている。現に今では経済学の研究は英語で発表される書物、論文が圧倒的に多いし、それらを公表する人にもアメリカ、イギリス、カナダ、オーストラリア、インド（準母国語）といった英語を母国語にする人が多いことでも示される。これには英語が世界語になっているという事情によるところも大きい。幸か不幸か、非英語圏の諸国の人も英語で書物や論文を公表する時代になっている事情も無視できない。こういう人が母国語で公表しても、世界から無視される時代なのである。

ではこうした事情の下でも、なぜ、今、フランス経済学史なのか、という問いに答えなければならない。単刀直入の解答を用意すれば、まずは２００～３００年という長い経済学史上の流れを鳥瞰すると、フランスはアングロ・アメリカン諸国以上に貴重な貢献をしているのである。この見方には反論もあろう。

なぜフランスなのか。アメリカ経済学の隆盛はせいぜいここ100年ほどの歴史にすぎないし、経済学の強いイギリスと比較しても独創的な思想はフランスから多く登場した、といっても過言ではない。経済学史を学ぶに際しては、フランス人経済学者の貢献を絶対に無視できないのである。

いくつかの例を挙げれば十分であろう。フランソワ・ケネーなどによる重農主義、あるいは自由経済主義、レオン・ワルラスの一般均衡理論、クールノーによる独占・寡占理論とゲーム理論の始祖、トマ・ピケティによる格差論、などである。経済学、あるいは資本主義経済の父と称されるイギリスのアダム・スミスは、実はケネーの継承者なのである。20世紀の偉大な理論家・経済学史家であるオーストリア生まれでアメリカ人のシュンペーターは、「経済学史上で最高に輝く仕事をした人はワルラスである」としている。また、ピケティの格差論がここ最近において世界中で注目を浴びたことは皆の知るところである。

本書ではこれらの人々、そして他にも経済学史上で貴重な貢献をした人々を取り上げるが、なぜこれらの人々が登場し、生じた課題を解決する理論と政策を主張するようになったかを、当時の社会と経済の実情を詳しく記述して理解できるようにした。この点に本書の特色のひとつがある。

他にもいくつか本書の特色を述べておこう。第1に、まずは現代の経済学の思想を大別すると、資本主義経済を肯定する近代経済学（あるいは（新）古典派経済学）と、それを否定するマルクス経済学の2つがあるが、フランスは双方に古典的な貢献をしている。前者に関してはケネーやセーがそうであり、後者においてはドイツ人のマルクスとエンゲルスによる経済理論の構築に倫理的な影響を与えたのは、フランス人の多い空想的社会主義の思想家たちだったのである。産業主義から社会主義に転換したサン=シモンは、この流れにいたとてもユニークで神秘的な人であった。

第2に、もともとフランス人は論理を好む国民性により哲学と数学が得意であるが、フランスはこれを活かして多くの数理経済学者とエンジニア・エコノミストを生んだ歴史がある。クールノー、ワルラスはこの数理経済学の創設者である。

エンジニア・エコノミストは、数学・工学の知識を経済学に応用して、土木、交通、電力などの現実の世界においていかに価格を設定し、かつ効率的に生産するにはどういう体制がよいか、といったきわめて実践的なことに大きな貢献をしてきたのである。

このように叙述をしてくると、フランスの経済学が経済学史上でとても貴重な貢献をしてきたことがわかってもらえただろうか。本書の目的はそれを示すために、決して専門的なことだけにこだわらず、教養書として楽しみながら読むことができるように配慮したつもりである。もとよりそれが成功しているかどうかの判断は、読者に委ねられている。

第1講

# 重商主義、重工主義、初期重農主義の経済学

## 1　はじめに

経済学の父と称されるアダム・スミス（Adam Smith, 1723-1790）なので、経済学はイギリスから誕生したと見なされやすい。確かにスミスによる『国富論』は当時イギリスで起こりつつあった産業革命に端を発した資本主義のメカニズムを解明した点で、経済学の祖と見なすことに不都合はない。しかしスミス以前に経済学は存在していたのであり、特にフランスにおいてそれが顕著だったし、フランス経済学がスミスの経済学に影響を及ぼしたのは確実であった。そこで本講ではフランスの前史的な経済学を主に扱い、フランスとの関係で無視できないイギリスの経済学に少し言及する。

## 2　重商主義と重工主義

「重商主義」とは、16世紀から18世紀にかけてのヨーロッパ諸国が、王制による絶対主義を背景にしながら軍事力に頼ってアジア、アフリカ、アメリカ大陸に進出し、現地の生産物を獲得（輸入のときもある）して本国に送る策であり、植民地主義がその根幹にあった。これらは基本的には国富を増大させるのに貢献し、イギリス、フランスが代表的な強国になるような政策であった。

もともとは大航海時代のポルトガルやスペインが重商主義の走りであったが、オランダ、イギリスやフランスもそれに続いて、本国である王国ないし帝国の国富を増大したり、国家の財政運営の黒字化を容易にしたのである。国富が増大すればそれらのヨーロッパ諸国は軍事力を強めて、ますます植民地を拡大する手段をとり、商業と貿易の発展が見られたこの政策を重商主義と称する。ヨーロッパ諸国は現地で略奪するときもあったが、輸入のときもあった。原材料・貴金属や香辛料の輸入額を増加させるためには、次のような政策が必要となる。輸入額を確保するために国内の産業を保護・振興して、国外に工業製品を輸出する努力をせねばならない。いわば貿易輸出を拡大するために国内工業、たとえば手工業製品、羊毛製品、綿製品などの保護・促進が重商主義の1つの政策となる。それと同時に金や銀などの貴金属の国内確保を図るために、金銀を外国に輸出するといったことを禁止する策も採用された。

アダム・スミス

工業重視の考え方は、一見重商主義と相反する「重工主義」と理解することが可能である。後の産業革命時代のイギリスを思い出せば、本国で工業によって加工製品を作ることに特化して、その工業製品を外国に輸出して国富を増大し、かつ外貨を得て原料品を輸入できるようにした姿に通じる。むしろイギリスの産業革命時代を重工主義の典型国家と見なしたほうがわかりやすい。

もっとも、重商主義の時代であっても、産業革命時ほどではないが、国内工業の保護・育成が輸出の促進のために必要だったので、重工主義が産業革命の前兆として存在していたと理解したい。

重商主義を支持する経済学説として、「貿易差額主義」というものがある。輸入するためには輸出の促進によって資金を蓄積する必要があるとする。自由貿易主義に一歩近づいた主義である。国富を大きくするには輸出入の差額を大きくすることが肝心なので、貿易差額主義と呼ばれるようになったのである。貿易差額主義を経済学として主張した人として、イギリス人のトーマス・マン（Thomas Mun, 1571-1641）がいる。

マンの貿易論の骨子は次のようにまとめられる。国内消費を抑制して輸出を増大し、輸入を減少させるために国内での資源を有効に用いて国内生産を増加し、輸出を増大させることが肝心と主張した。イギリスの貿易会社である東インド会社は常に輸入超過だったので、国富を減少させるという批判にさらされていたが、外国貿易を国全体の輸出と輸入でバランスをとれば問題ない、ということをトーマス・マンは主張して、東インド会社の弁護にも役立てた。

アダム・スミスの経済思想に影響を与えたイギリス人として、バーナード・デ・マンデヴィル（Bernard de Mandeville, 1670-1733）がいる。もともとはオランダ生まれの医者であったが、イギリスに渡り英語で彼の思想を出版した。最も有名な書物は『蜂の寓話：私悪すなわち公益』（1714年出版）である。個人が自己愛に満ちて奢侈《しゃし》な消費をすることが本人の効用（あるいは功利）を高めるのに貢献し、それが社会あるいは国家の経済発展に寄与すると主張した。当時は宗教としてキリスト教的な発想、すなわち人類愛に満ちた利他主義ないし禁欲主義が主流であった時代に、利己主義ないし快楽主義につながる消費の賛美と豊かな生活の主張であり、マンデヴィルの主張には賛否の声が交錯した。

彼の主張は副題に表現されている。私悪とは、従来の宗教的発想からすれば自己愛に満ちた高い消費の賛美は、私的には道徳に反するので悪であったが、それが多くの人によってなされるなら高消費が高生産につながり、結果として国家の経済は発展することになるので、最終的には公益をもたらす、という逆説的な主張なのである。これがスミスの『国富論』に発展することは容易に理解できよう。

実はこのマンデヴィルの経済思想はフランスの思想から大きな影響を受けている。通常のフランス経済学史はケネーによる重農主義、ないし自由主義経済からスタートするのであるが、フランスではこのケネー、そしてイギリスのマンデヴィルを通じてアダム・スミスに多大な影響を与えた。実はケネー以前にも有力な経済学者、思想家がいたので、本書ではケネー以前の前史としてフランス経済学史をスタートさせる。この課題は日本においても津田内匠《たくみ》による一連の研究論文、菱山(1962)、平田(1965)、岡田(1982)、米田(2005, 2016)などの研究蓄積があり、ここで特筆しておこう。

## 3　ボワギルベール

フランス経済学史は17世紀末から18世紀初頭に『フランス詳論』(1695年出版)から始まった

と見なしてほぼ間違いない。ボワギルベール（Pierre le Pesant de Boisguilbert, 1646-1714）については米田（2005, 2016）に詳細な解説・批評があるのでそれに依拠した。

当時のフランスはルイ14世治下の財務大臣であったコルベール（J.-B. Colbert, 1619-1683）による財政・金融の政策の時代であった。絶対王制の絶頂期にあったので、政府は植民地政策を推進して外貨獲得に走ったし、保護主義に基づいてすでに述べた貿易差額主義の採用によって、重商主義の先頭を走る政策を実行していた。

ボワギルベールの書物はコルベール主義と見なせる重商主義的な経済政策を批判したものであったが、背後には農業生産を重要視して、人々が富を求める経済行動をすることを奨励した。すなわち自己愛と自己の功利に基づいて、自分が稼いで裕福になることが人間社会の発展に役立つのである、との思想を暗黙の内に主張していた。そのためには農民を中心にした人民に関して、絶対王制がさまざまな規制を施して搾取する制度よりも、自由主義によって自由な経済活動を行うことが生産を高めるのに役立つ、という論理を重視するようになっていた。これらが達成されれば、絶対王制による社会秩序に期待するよりも、個々の自由な農業人や商業人に頼ることのほうが、市場を通じての社会秩序に貢献できると考えたのである。

なぜならば人間は高い消費を行うことが満足の達成（「欲望を満たす」と理解してもよい）を可能にするので、高い生産活動で得た利益を高い消費に向かわせることは、人間の功利主義に合致すると考えたのである。やや誇張して言えば、人間が欲望を満たすために行動することは、別に不道徳ではないという精神上の主張を含んでいるのである。

なぜこのような主張がなされるようになったのか、それは米田（2016）が論じているように、ヨーロッパにおける宗教、神学、思想界における論争とも関係している。そこで中心的な役割を果たすのがピエール・ニコル（Pierre Nicole, 1625-1695）というフランスの神学者であった。

ニコルはかの有名なフランスの哲学者パスカルの『パンセ』に影響を受けたとされている。17世紀のヨーロッパではフランドルの神学者ヤンセンを中心にしてジャンセニズムという神学の流れがあって、ローマ教皇による神学に反旗を翻していた。どういう主張かといえば、伝統的なローマ法皇的な神学であれば、人間は欲望に忠実に生きるのではなく、他人を愛して他人のために尽くすのが、隣人愛に燃えた人間らしい生き方なので、自分中心に生きることは異端とされていた。

しかし、ニコルは『道徳論』（1671-1678）において、自分の生活をまず大切にして生活上の欲望を満たす生き方は悪くないとした。これを必要、あるいは自己愛と見なしてよく、生活上の必要性を満たすには人々に働くことを要請するのであり、人間が働くということは人間社会が相互依存せねばうまく機能しないし、生産高も伸びない。ここで人間社会の秩序が期待される。こういう論理思考によって、米田昇平によると「情念と秩序」が描かれ、同じく米田による「欲望と秩序」という一見矛盾する概念が、ニコルによってうまく結合されたのである。

話題をボワギルベールに戻そう。ニコルの影響を受けて、彼は自己愛に基づいて消費や富を求める人間の功利主義的価値観に立脚した経済行動を賛美した。ニコルはこれが社会的な秩序を生むと予見したが、ボワギルベールはその原動力を市場の持つ相互依存を規制する自律的な強制力による調整に求めた。すなわち市場がうまく機能する限りにおいて、たとえ生産者や消費者が礼節や正義を欠いて勝手な行動で示されるようなことがあっても、個々の参加者の独走を許さない。

ここで1つの注釈が思い付く。橘木（2012）ではアダム・スミスの自由主義的資本主義を論じたとき、スミスが『国富論』に先立つ1759年に『道徳感情論』を出版した価値を論じた。すなわち自由主義であっても市場参加者に相手を騙したり不正なことを行うような非道徳的な行動があれば、市場はうまく機能せず、法外な収入を得る市場参加者が出てくると警告を発していた。

ボワギルベールはこのスミスの60年ほど前に『フランス詳論』を出版していて、市場の全能に期待するところがあった。すなわちボワギルベールは市場の自律的な強制力による安定装置に全幅の信頼を抱いていたのであり、スミスの市場に対する見方とは異なっていた。すなわち、何もスミスのような道徳観は必要なく、市場がそれを解決すると信じていた。

なぜ両者に差があったかといえば、1つにはスミスが当初は道徳哲学者としてスタートしてから経済学に移ったという経歴があるので、人々の道徳的な行動に格別の関心があった。もう1つには、ボワギルベールが『フランス詳論』を出版した頃の17世紀は、まだ資本主義なり市場主義が未成熟であり、したがって市場参加者の悪徳的な行動等が実際に目につくことはなかった。ボワギルベールは仮想的な市場を想定しながらの理想論を述べたにすぎなかった。

後の講で産業主義と空想的社会主義という、一見矛盾する思想を提供したサン＝シモンをかなり詳しく論じるが、サン＝シモンはヨーロッパ主義という1つのヨーロッパ、あるいはヨーロッパ連合を唱えた人としても知られる。サン＝シモンは彼のヨーロッパ論を展開するに際して、ここで述べるアベ・ド・サン＝ピエール（Abbé de Saint-Pierre, 1658-1743）の影響を受けた。サン＝ピエールについては、米田（2005）と本田（2013）から知り得た。

彼の生きた時代は、ルイ王朝の時代からアンシャン・レジームの時代に向かうときであったが、いわゆる啓蒙思想家として名前を残した人である。イギリスにおける功利主義の大家であるベンサムに先駆けて、フランス功利主義の先駆者と見なされている。サン＝ピエールは人間が快楽を求めることに異を唱えることはなかった。すなわち快楽を求めることは人の幸福につながることなので、自己利益の尊重を守ることは、罪でもないし悪徳でもないと考えた。

その快楽にもいろいろな種類があって、①誰も傷付けない無害な快楽、②賞賛に値する有徳な快楽、③他人に不快や苦痛を与える不正な快楽、といったものである。③以外の快楽であれば人間は求めてもよいとした。①に関しては、音楽、食事、消費、読書、愛する人との結婚、遊び、種々の娯楽などがあり、現代の経済学なら効用を得る行為と見なしてよい。あるいは現代の哲学の言葉を用いるなら「自己主義」と称してもよい。②は公共的利益への奉仕などがあり、現代の言葉を用いるなら「利他主義」と称してもよい。

これらの快楽はそれ自体が①感覚の快楽、②栄誉に由来する快楽、③好奇心の快楽、④それらの快楽を期待する快楽、に区別できるとした。①は物質的なものを得ての満足と理解してよいが、②

は栄誉欲を満たす快楽と見なしてよいだろう。②の裏返しは、栄誉欲を満たせなかったとき、人は恥辱を感じるとしたのである。

このようにしてサン＝ピエールは利益・快楽を求め、世俗の幸福を増やす行為を是としたが、ここからが経済学の登場である。ここまでは人の物質的・精神的な満足の大切さを説いたサン＝ピエールであったが、それを達成する条件として製造業や商業の発展が欠かせない、と主張したのである。快楽を得るためには、生活が豊かでないと達成できないので、人は労働をして収入を得て初めて諸財の購入が可能になると主張したのである。人が働くことによって商品の生産が可能となり、人はそれを購入すれば満足が高まると考えたのである。現代の経済学の教えを、サン＝ピエールは３００年も前に語っていたのである。

もう1つのサン＝ピエールの重要な貢献は、商業の重視である。商品の流通を円滑に行って、人々がそれらを自由に購入できるようにするには、流通の経済確保とそれが人々の間で安全になされることが条件となる。そのためには商業が繁栄せねばならず、国と国との間の交易、あるいは国の中での地域と地域の間の交易が、自由にかつ安全に行われねばならない。

ここでサン＝ピエールの「永久平和論」が登場する。国と国との戦争、あるいは国の中でも地域と地域が争っていれば、商品の流通は阻害されるので、快楽の追求など不可能である。商業の繁栄は平和があってこそ達成可能としたのが、後にサン＝シモンが借用したサン＝ピエールによる「永久平和論」なのである。

## 4　カンティロン

ボワギルベールやサン＝ピエールに次ぐ人物はリチャード・カンティロン（Richard Cantillon, ?-1734）である。彼の名前はフランス語であればカンティヨンと発音されるべきであるが、英語の発音でなされる通り、アイルランド生まれである。生年ははっきりしていない。しかし彼はフランスで銀行家として生活しながら経済思想家としての顔も有していた。代表作は『商業試論』（1755年出版）であるが、なんと彼の死後の公表であることに注意したい。しかも原著はフランス語であり、当時の学問的業績の発表においてフランス語が重要な言語であったことを認識できる。

興味深いことは、カンティロンを評価したのはイギリス人経済学者のW・S・ジェボンズ（William Stanley Jevons, 1835-1882）である。ジェボンズは、後にフランスのワルラス、オーストリアのカール・メンガー（Carl Menger, 1840-1921）とともに「限界効用理論」を同じ頃に主張した3名として有名である。さらに、イギリスで有力となるジェレミー・ベンサム（Jeremy Bentham, 1748-1832）などによる功利主義の支持者でもあったので、ジェボンズがカンティロンの学説を特に評価したことは容易に理解できる。

日本でカンティロンの書物を翻訳（1992）して、かつ解説の仕事をしたのは津田内匠である。小林（2001）にもカンティロンの評価がある。本講も津田と小林の所説と米田（2005）に依拠している。

一部の人とはいえ、ケネーやワルラスといった輝くスター・フランス経済学者以前の経済学を分析した人が日本にもいると知りえたことは感銘である。

カンティロンの『試論』の主目的は、当時フランスのルイ15世の治下で銀行経営をしたり、財務大臣となって貨幣政策を推し進めていたジョン・ロー（John Law, 1671-1729　この人もフランス生まれではなくスコットランド人）への批判にあった。ローの政策は新しく貨幣（王立銀行券）を発行して、これまで金と銀が主たる正貨だったところに、彼の新しい貨幣（銀行券）は銀との兌換性を持たせたのである。もう1つの目的は、銀行券は実体経済を活性化するために使用できるようにしたことであった。ローは世界3大バブル事件の1つと称される①「ミシシッピ計画」の企画者だったので、詐欺師との評価もなくはないが、ローのした仕事は、王政の財政破綻を助けようとした目的があった。ローはインド会社（ミシシッピ会社）を設立して、政府の債務と引き換えに北米の植民地の貿易権を得たのであるが、その会社の株価が高騰したのである。しかし事業は成功せず、株価の下落後に会社も倒産してしまったのである。

他の2つのバブルは②南海泡沫バブルと呼ばれるもので、1711年のイギリスで起きた。南海会社は、大蔵大臣のハーレーの発案で、この会社が国債の一部を引き受けて、西インド諸島の貿易を独占しようとして、債務の返済を意図したのである。しかしそれは失敗したので、新株の発行に頼ろうとしたが、南海会社の事業は失敗であった。そこに見せかけの利益を計上して乗り切ろうとしたので株価は高騰したが、結局は株価が暴落したバブルである。

③これは１６３６〜37年にオランダで起きた、チューリップ球根の価格が高騰したが結局は暴落してしまったバブルで、最も有名なバブルである。カンティロンのロー批判よりも、経済学史上からすれば、２つの重要な主張を『試論』は含んでいるので、それをここで簡単に述べておこう。

第１は、カンティロンは国内経済の運営において重要な役割を演じるのは、土地を保有している地主であると主張した点にある。土地を保有しているので、農業を行う人に土地を貸しており、そこから農業生産が発生すると考えた。ここに後にケネーなどに続く重農主義の起源があることに気付いてほしい。

ここで忘れてはならないことは、当時のフランスはルイ王朝の絶対王制の下、土地を多く所有する封建領主の支配の下でフランスが農業国家であったことである。近隣のオランダやイギリスは同じく王制の下にありながら、重商主義が盛んで植民地政策を実行していたのであり、フランスが農業国家であったこととの対比が重要である。すなわちオランダやイギリスは外国貿易や植民地主義によって経済を運営して繁栄していたのに対して、後進国のフランスは今だに農業国家でオランダやイギリスに遅れていたからこそ、カンティロンの地主社会論、あるいは重農主義思想の発生を見たのである。

とはいえ、カンティロンは土地を耕して農産物を生む農業労働者の価値を認めていることも忘れてはならない。そして労働者といえば、企業に雇われて工業製品を作っている人もいるわけで、農業・工業に従事する労働者が今後は役割を発揮するようになるだろうと予想した。そして工業の分野では労働者を雇用し、かつ資本を用いて生産における企業経営者の役割も今後は大きくなるだろうと予想した。すなわち、後になってアダム・スミスによる資本主義経済、企業家（資本家）が資本と労働を雇用して生産品を製造する制度の予想を披露したと考えてよいので、ここでもスミスはフランス古典経済学の影響を受けているのである。しかしカンティロンの時代においては、労働者や企業家よりも地主のほうがはるかに重要な役割を演じていると考えていたのである。

第2に、とはいえカンティロンは重商主義の価値をも認めている。どういうことかというと、彼の貨幣論は現代風に言えば、ハイエクやシカゴ学派の貨幣数量説に近い考えとして理解できるのである。経済において貨幣の役割を重視し、貨幣の供給をうまくコントロールできれば、輸入価格に対して輸出価格を相対的に安くできるので、輸入抑制と輸出奨励策になると考えた。これは重商主義における「貿易差額主義」の支持となるので、カンティロンは重商主義のメリットをも考えていたのである。

## 5 ムロン

ボワギルベールやカンティロンほど知られていないが、18世紀半ばにフランスでも産業主義の必要性を説く論議が出現したとき、その先駆者として影響を与えたのがムロン（Jean François Melon, 1675-1738）である。ムロンを積極的に取り上げて評価したのが米田（2005）であり、ムロンに関するここでの記述はこの書に依存する。フランス経済学史の通史の本ではあまり登場しない論者であるが、貴重な人物なのでここで紹介する。

ムロンの代表作は『商業に関する政治的試論』である。ボワギルベールは農産物が富を生むという意味で、農業の本源的重要性を明らかにしたが、製造業あるいは産業と称してよいところで生産される物品も人間生活の豊かさをもたらすものと考えた。すなわち、人間は農業製品のみならず、諸産業で生産される物品を消費することによって、満足性のより高い経済生活を送れると考えたのである。そこでムロンは農業のみならず、製造業などの発展に期待して、多くの財貨が人々によって消費される経済社会を賛美したのである。

その背後にはイギリスのマンデヴィルによる『蜂の寓話』の影響を認めることができる。奢侈品を消費することの正当性までムロンは容認して、人々の効用（満足）を高めるための経済のあり方を主張するのであった。ここで奢侈品消費とは贅沢品消費を意味するが、厳密に定義すれば生活に必要な品以上の品を消費する部分を指している。

さらに、人間にとって必要な品は食料なのであるが、それ以上の消費であるなら、フランスにおいても農業のみならず、産業全般の発展を期待する経済思想の萌芽を感じ取ることができる。それが後になってイギリスより遅れて発生する、フランスにおける産業革命の思想につながるのである。

ここで興味ある言葉は「奢侈品」である。米田は奢侈論争という言葉を用いて、18世紀のフランス、あるいはヨーロッパでは奢侈品（いわば贅沢品）の消費は許されるかどうかの論争があったと述べている。当時のキリスト教的宗教観からすると、質素を旨としており、贅沢で華美な消費生活に走ることは人間生活の道徳に反するということになるが、ムロンの考えはそれとは異なり、人間は本性として消費への欲望が強いのであるから、奢侈な品を消費してもよいとの主張であった。そして奢侈品の生産は商工業の発展を促すので、人々の豊かな経済生活を保障するものである、と積極的に評価したのである。

特筆すべきことは、この奢侈容認論は後になって18〜19世紀のフランスを代表する啓蒙主義哲学者であるヴォルテールやモンテスキューの支持を得ていることであった。たとえばヴォルテールは質素の美徳は幻想にすぎず、安定した経済生活が保障されるときこそ、そこでは奢侈品の消費も含まれているが、文明の発展が見られるとしたのである。「三権分立論」として有名なモンテスキューも、商業の発展による経済生活の安定こそが文明の基礎と述べて、奢侈品の消費を否定しなかったのである。

ここに至って1つのディレンマに遭遇する。それはキリスト教の影響に関して、一見相反する帰結を生んでいるからである。私たちはドイツの有名な社会学者であるマックス・ウェーバーによる『プロテスタンティズムの倫理と資本主義の精神』(1904-1905)を知っているが、それと奢侈論争との関係である。ウェーバーは新教の倹約精神が経済発展に寄与すると主張した。すなわち世俗的な禁欲がプロテスタンティズムの精神であり、この精神が人々を勤労に向かわせるとして、高い勤労意欲が生産力を高めて資本主義は進化すると考えた。奢侈品消費・生産と世俗的な禁欲は両立するのか、というディレンマである。

この一見のディレンマに対する筆者の回答は次のとおりである。第1に、ムロンやヴォルテールは奢侈品の役割を評価したが、ウェーバーにおいては奢侈品の役割については、さほどの関心がなかった。第2に、ウェーバーの思想はプロテスタンティズムは人々の勤労意欲を高めるという精神的な意義に最大のウェイトが置かれていたが、ムロンたちの説は勤労意欲のことを大きく論じておらず、むしろ奢侈品を含めた高い消費が経済の活性化をもたらすと考えた。第3に、ムロンやヴォルテールの時代のフランスはキリスト教の中でもカソリックが中心であったが、ウェーバーにおいてはカソリックに反旗を翻したプロテスタントなので、教義が異なるという事実も影響している。

第2講

# 重農主義

## 1　はじめに

カンティロンなどによって、国内経済の運営にとって最も重要な役割を演じる経済人は土地を保有している地主であり、地主から土地を借りて農業生産に励む農業人が次いで重要と考えた。そこから農産物が生産されるので農業を本源的生産と見なしたのであるが、その考え方をさらに発展させて、完成に近い姿にしたのが、フランソワ・ケネー（François Quesnay, 1694-1774）であり、重農主義思想の本格的かつ代表的経済学者であった。本講ではケネーを中心に論じるが、重農主義への批判者もいたのでそれらの人も取り上げる。

ケネーは主として18世紀に生きた人なので、その当時のフランスは絶対王制（ルイ王朝）の下に封建領主がいてそれらの人が土地を保有する社会・経済体制だったのであり、地主の存在が経済体制の基礎だったことを記憶しておきたい。

## 2　ケネーの一生と存在価値

ケネーの人生に関しては御崎（2006）に詳しいのでそれに依拠した。生まれは裕福な農家の出であったが、知的能力に秀れていて子どもの頃から学問が好きだったので、パリ大学の医学部で医学を修めた。しかし医学のみならず、哲学、数学、食物学なども学ぶという多才な人であったが、後になって経済学で歴史に残る大著を出版する素地はあった。

転機は1749年にルイ15世の愛人であるポンパドール侯爵夫人の専属医となり、ヴェルサイユ宮殿に入ることから始まった。ケネーの医術の確かさが功を奏して、王族・貴族の病気を治すという功績により、1755年にはルイ15世の顧問医となった。こうして医者として名声を得たケネーは貴族にまでなったが、もっと重要なことは、ヴェルサイユ宮殿に出入りする学者、哲学者と交流できたことであった。そこでケネーはディドロやダランベール（ともに百科全書派と呼ばれて、哲学、美学、政治・経済、科学などの学問を網羅した『百科全書』を編纂した）などの学者仲間の一員として、学問を研究する機会を持てたのである。しかも種々の論文を『百科全書』の中で公表できたのであり、ケネーの思想、経済学の学説はこれらの論文で発表された。

フランソワ・ケネー

ケネーは『百科全書』への投稿も含めて他の場所にも論文を発表している。たとえば「借地農論」「穀物論」などがあるし、未発表論文として「人間論」「租税論」「金利論」などがある。農業に関する論文は後の大作『経済表』の素地になる考えが出されている。とはいえ驚きなのは、ケネーは60歳を過ぎてから本格的に経済学の研究に没頭したことにある。当時の人間の寿命は今よりも短く、80歳まで生きたケネーは長寿の人の中に入るが、それにしても晩年の作品が経済学史上での金字塔となり、後に大きく影響を与えることとなったのは特筆に値する。

後にケネーの学説を詳しく論じるが、彼の学説で重要なのは、「農業を本源的経済活動とする循環論」と「経済の自由主義」の2つである。この2つの主張に対して当然のことながら賛同者と反対者がいた。今この2つの主張が経済学史上で重要な学説として認められているのは、ケネーのまわりにいた弟子筋と後の人に支持者がいて、これらの人がケネーの学説を流布したことが大きい。

御崎（2006）では、弟子のミラボーが『農業哲学』を出版して、ケネーの経済表の普及に努めたとされる。最も優秀な弟子とされたデュポンが『農業、商業および財政雑誌』の編集長を務めて、重農主義運動の中心的存在としてケネー学説の普及宣伝に活躍したのである。学説として後の世に引き継がれ、かつ歴史的な意義を有するようになるには、後継の支持者による普及運動が大切である、ということをケネーの例は示唆している。一方で反対者の論陣も、その学説を世の中で知ってもらうという意味で後になって役立つこともある。

## 3　ケネーの経済表

ケネー経済学の1つの重要な学説は、生産階級でなされる農業生産を最も重要な経済行為と見なし、その成果物がどのようにして他の部門（地主階級と不生産階級）と取引され、それらの階級の間での循環を考えることができるかを明らかにしたものである。経済には次の3つの部門、すなわち①生産階級、②地主階級、③不生産階級（時折「不妊階級」とも称される）から成立すると考える。ケネーはこの3つの階級の間でどういう取引がなされるかを考察したのであり、その階級間の取引を循環と見なしたので、「循環論的再生産論」と呼ばれるようになったのである。

ケネーの理解には彼の経済表（Tableau Économique）を用いて説明するのがわかりやすいので、図2-1によってそれを知っておこう。ここで重要な循環は生産階級（農業従事者）が地主階級から土地を借りて農業生産を行い、その成果物を自分で消費する分として使い、さらに地主に地代として還元するし、不生産階級に自産品をそれらの人が原料として使えるように供給する活動を行う。地主階級は何をしているかといえば、地代収入を生産階級からの農産品の購入と不生産階級からの商工品の購入に充当している。不生産階級は地主階級に売った資金を源にして、生産階級から農産品を購入するのである。

ここで重要な主張は、生産階級（農業従事者）のみが本源的な生産を行っているのであり、地主階級と不生産階級は単に資金や商工品の横流しの担当者（すなわち交換を行っている）にすぎない、という性質がこの経済表から読み取れるのである。農業生産を最も重要な本源的生産と考えたことが、ケネーの経済学が重農主義と称されるようになった1つの理由である。経済学の父と称されるイギリスのアダム・スミスは、ケネーのいう「不妊階級」（不生産階級）の商工業者も本源的生産を行っ

図 2-1　ケネーの経済表（範式）

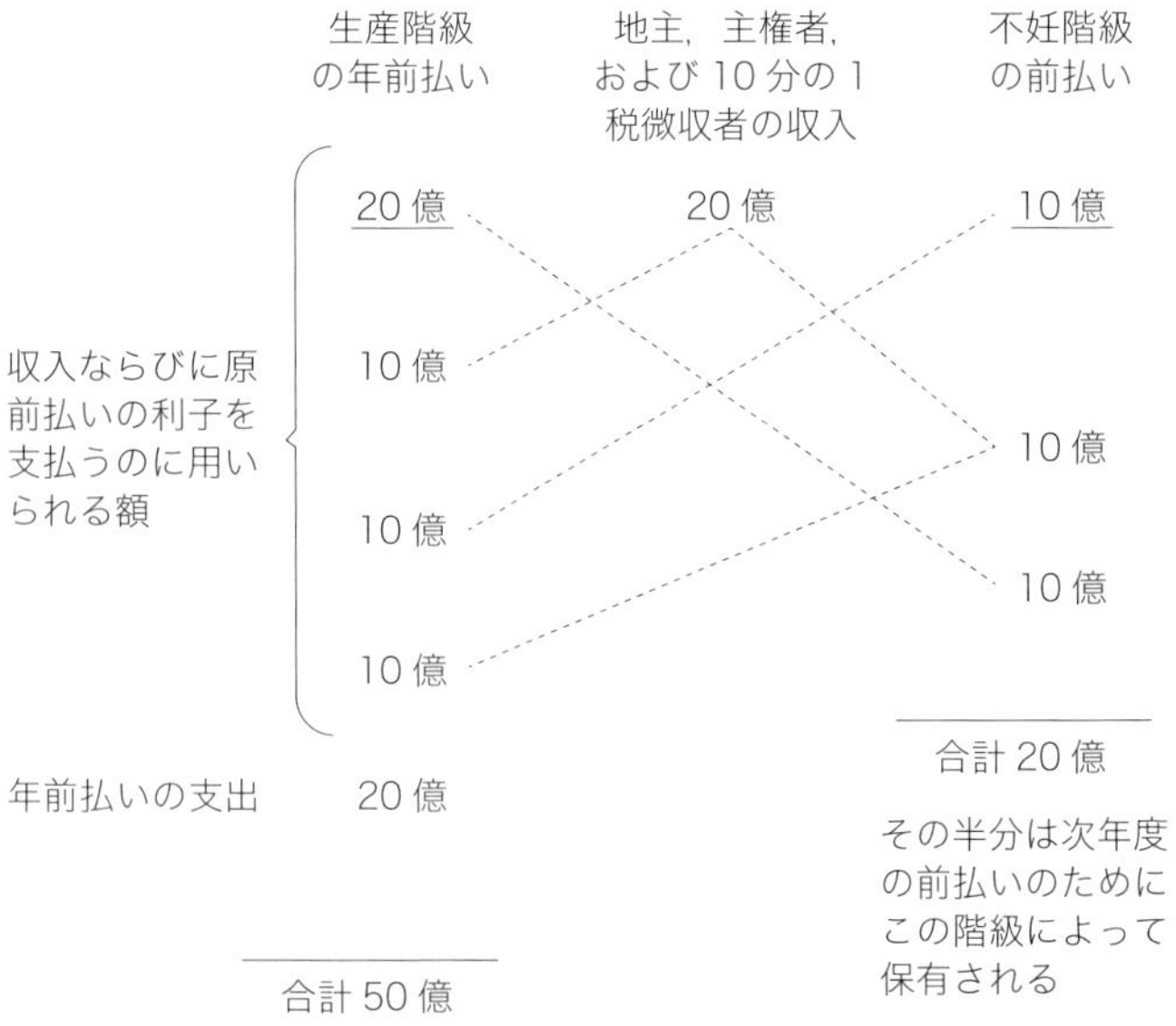


出所：御崎（2006）。

ていると見なしたので、農業のみを本源的生産と見なしたケネーの学説を重農主義と称したのである。

重農主義はフランス語ではフィジオクラシー（Physiocratie）と称されているが、Physio は「自由」を意味し、cratie は「支配、主流」を意味するので、重農主義という訳は誤解を与えることになる。ケネーの学説は自由放任主義（Laissez-faire《レッセフェール》）とも称されるのであり、フィジオクラシーはむしろ自由放任主義と理解したほうがよい。重農主義は重商主義を意識して、それとは異なることを主張したい意向を含んでいるのであり、後に記述するようにケネーは自由放任主義者の走りとしての価値を有するのである。換言すれば、ケネーの学説は「重農主義」と「自由放任主義」の2つに要約されるのである。

ここで再びケネーの経済表に戻ろう。ここに「前払い」という言葉があるが、これは期首にそれぞれの階級の保有する資本と見なしてよい。これを原資としてそれぞれが経済活動を行うのである。

まず生産階級は20億の資本で、50億の農業生産物をつくるのである。すなわち（10、10、10、20）の生産をするのであるが、最初と2番目の10億と10億の合計20億は地代として地主に払い、3番目の10億は不生産階級に原料として使えるように供給するものである。地主階級は期首に20億の地代収入を持っており、そのうち10億を生産階級から農製品を購入して消費し、残り10億を不生産階級からの商工品の購入に充てる。不生産階級は期首の10億の資本を用いて、生産階級から10億の原料購入をして20億の商工品をつくり、地主階級に商工品を売った10億を用いて生産階級から農製品を購入して自己消費するのである。

ケネーの経済表はどの教科書にも掲載されており、いろいろな解説がなされている。それを集約すれば次のようになろうか。この経済表から言えることは、生産階級だけが20億の純生産物を生み出しており、他の階級はそれによって養われているとの理解である。そして生産階級の生み出した合計50億の農業生産物が、社会全体の再生産額なのである。このことがケネーの経済学が循環論的再生産論と呼ばれる根拠なのである。

筆者が付言すれば、生産階級の20億という農業生産のみが純生産者であり、不生産階級、地主階級は、ともに何もしていないと解釈できるので、重農主義という言葉が付与されたのである。とはいえ地主階級は農民に土地を貸して農業生産に役立たせているのであるから、土地を持つ地主もそれなりの役割を果たしている、と見なすべきであると考える。さらに地主の受け取る収入（すなわち地代）も、それが消費されるので国民の支出の一部になるからである。菱山（1962）はこの地主の支出の役割に注目した人であった。すなわち、地主の支出の大小が一国の再生産が成長に向かうのか、それとも衰退に向かうのか、の岐路を決めると主張したのである。

もっともケネーにとって不毛な、あるいは役立たない階級は、「不妊階級」とまで呼ばれた商工品をつくっている不生産階級だったのである。なぜ不生産階級であるかは、商工業者は生産階級の供給する原料と彼らの生産した食料を消費するものと等価値の生産物を生産するにすぎないから不生産階級と見なしたのである。

フランスの経済学は後の時代になって、クールノーやワルラスといった経済学者が物財の価格を経済体系の柱として分析するので、先駆者でもあるケネーがこの価格をどう理解していたかに興味が移る。そこでケネーの価格論を知っておこう。それに関しては米田（2005）に詳細な解説があるので、ここではその要約である。

ケネーはフランスの農業生産が不振であることを気にしていた。それは農業生産が過小であることが原因であると理解していた。そこでケネーは『経済表』の発表以前に、「穀物論」などを出版して、農業の過小生産の理由を探究していた。

彼の主張は、穀物価格が低水準に抑制されていたのが原因であるとし、その理由は税制の欠陥と穀物輸出に政府が熱心ではなかった点に求めた。税制の欠陥は農業者の前払い資金（資本）を奪っていたことになるし、輸出不振による穀物価格の下落が、具体的な現象であった。そこでケネーは「穀物論」において、穀物の自由化を主張することになる。自由を尊重するケネーとしては当然の主張であった。

ケネーはここで価格論に関して新しい概念を提唱した。それは「基礎価格」である。「基礎価格」とは、農民は耕作費用、地代、租税などの必要経費を負担せねばならないが、それらの総経費を負担するに十分な穀物の価格のことを指している。農民が穀物を売る際の価格によって農家は収入を得るのであるから、もし穀物価格が「基礎価格」より低ければ、農家は農業を続けられなくなる。逆に、穀物価格が基礎価格より高ければ、農家は「利潤」を得ることになるが、ケネーはこの「利潤」が正になることが農家が農業を続けられる条件と考えた。すなわち農家が農業を続けるためには正の「利潤」が必要であり、これを満たすためには、穀物の販売価格は基礎価格より高くなくてはならない。そしてそのときの販売価格をケネーは「良価（bon prix）」と定義した。これに関しては日本でも平田（1965）の貢献がある。

後の時代になってから経済学（近代経済学、マルクス経済学の双方）は利潤をめぐって大きな進歩を見せることになるが、そのときの利潤は主として企業の利潤を念頭において分析した。それらの経済学以前にケネーはすでに利潤を農家に関して考えたのであるから、ここに彼の経済学への1つの貢献がある。

もう1つのケネーの貢献は、穀物の国内価格と輸出入のときの国際価格の間に乖離があると、穀物の輸出入に影響があることを論じた点にある。当時のフランスは17世紀のルイ14世時代の財務大臣であったコルベールによる穀物の貿易規制の時代だったので、穀物の国際価格が低迷していた。いわゆる保護貿易の政策を展開していたのである。そうすると国内価格もそれに追随して低迷するので、農民は正当な利潤を得られず、過剰穀物生産で苦しんでいたのである。

この現状を憂えたケネーは、「穀物論」や「人口論」において穀物の外国貿易自由化論を唱え、国際価格と国内価格の上昇に期待したのである。穀物、あるいは農業の貿易自由化論を主張したケネーは、ここでも自由経済主義者としての特質が理解できるのである。

実は穀物あるいは農業を保護貿易主義で行くか、それとも自由貿易主義で行くかの論争は、18世紀のイギリスにおいても経済学上の大論争になった歴史を有する。T・R・マルサスは穀物を国内で確保するためには、輸入に頼ってはダメとして国内生産を優遇する保護貿易を主張したのに対して、D・リカードは穀物を輸入に頼ってよいとして自由貿易を主張した、有名な論争がある。これは禁輸を柱にした「穀物法」をめぐった場での経済学史上の大論争であった。

実はこの論争は現代でも生きている。食料自給論の立場からすると、国内農民の保護を目的として、農業は保護貿易の対象にせよとの主張がある一方で、農業の貿易自由化は輸出入国の双方にとってメリットになる、との主張がある。最近の日本であればTPP（環太平洋パートナーシップ）協定を成立させるときの論争が例となる。

## 4 重農主義の評価と批判

ケネーの経済学は、18世紀において工業を中心とした産業が勃発しようとしていたイギリスと比較すると、まだまだ農業が中心の産業であるフランスにおいて、土地を持つ地主と農業の生産に従事する農民の多い経済を的確に分析した功績は大きい。経済表で示されるように、3つの階級に分けて、階級間の取引に関して、数字を循環として分析した最初の経済学者なので、その価値は高い。ケネーが経済学の祖（アダム・スミスは経済学の父）と称されるゆえんでもある。

なぜケネーが経済学の祖と称されるのか、それは経済表で用いられたように階級を設けて、その階級間における経済取引を循環として数字で示した点が大きな貢献と見なされたからである。後の世になってそれが、農業、工業、商業、金融などの産業間の取引として経済分析されるようになったし、多くの経済分析のツールとなったのである。近代経済学ではレオンティエフに始まる「産業連関表」がその一例である。マルクス経済学はそれを別の視点に立脚して、資本家階級と労働者階級に区分し、両者の間の葛藤を論じたのは有名である。このようにケネーの経済表は後の経済分析のツール、すなわち階級別、産業別、部門別に分析するツールを提供した点に大きな価値がある。もう1つケネーの功績には後に述べる「自由（放任）主義」の先駆けを主張したこともある。

経済分析上のツール自体の提供に関しては、ケネーの功績を評価できるが、内容として農業労働者と地主の貢献という農業の最重要視策については、いくつかの批判がある。それを見ておこう。まずは同国人のフランス人からの批判を見てみよう。これに関しては米田（2005）に詳細で優れた検討があるのでそれに依拠する。

まずはフォルボネ（François Véron Forbonnais, 1722-1800）である。彼以前にはグルネ（Vincent de Gournay, 1712-1759）という人がいて、フランス経済の弱さを克服するには自由と競争の原理によって、国富を高めるために「生産力主義」を主張していた。このグルネの説は外国からの攻撃に対処するために、国内産業をある程度保護してその産業を強くする政策をとりながらも、一方で国内では自由な競争を企業や商工・貿易業者に求めて国内経済を強くせねばならぬとした。たとえば就労における徒弟制度や商工・貿易業におけるギルド的な規制を排除しようとしたし、製造の自由を主張した。米田（2016）はこのグルネの政策を「自由と保護の経済学」と称している。一言でまとめれば、対外的には外国からの攻勢に対して保護貿易によって国内産業を保護する一方で、国内産業では自由競争を活発に奨励して国内企業を強くする政策である。

グルネの生産力説を一層発展させて、独自の「自由と保護の経済学」を完成に導いたのはフォルボネであった。かの偉大な経済学者であるシュンペーターは、フォルボネを「何の創造力もない折衷主義者」と評価したらしいが（米田 2005：188）、米田はシュンペーター以上にフォルボネを評価している。彼の著作としては、『商業要論（*Eléments du Commerce*）』（1755）と『経済の原理と考察（*Principes et Observations Économiques)*』（1767）がある。

フォルボネの重農主義批判は、農業を最も基本的な本源的産業と見なして、他の商工業を何の価値も生まない付随的な産業（ケネーは「不妊階級」と呼んだことを思い出してほしい）と見なした点への批判に集約される。現に経済表では農業のみが純生産物を生んでいるという評価を可能にするような解釈がなされうるからである。商工業があってこそ経済は完結するのであり、土地から生産される農業生産物がすべての国の収入、あるいは富を生んでいるとする重農主義の一面的すぎる解釈を、かのイギリスのアダム・スミスも批判していたのである。ただしケネーの名誉のために付言しておけば、後に述べるケネーの自由（放任）主義についてはスミスは大いに称賛しており、スミスの自由経済主義はケネーからのヒントであると述べるのが正しい。昔の知識人の常として、スミスはフランス語を当然読めたし、フランスへの訪問も果たしているのである。

もう少し具体的にフォルボネの議論を述べてみよう。商工業によって生産される種々の製品を消費することによって、人々は効用を得ているのである。確かに農業で生産される食料を人々は消費することによって生きるのであり、農製品は生活必需品と見なせる。商工業で生産される製品は生活必需品とは異なって、奢侈品（ぜいたく品）と見なしてもよく、極論すれば存在しなくても人間は生きていけるのである。生きていくだけの食料品だけが人間にとって本源的な生産品なので、その効用は重要であるが、奢侈品からの効用は人間にとって本源的ではないと解釈しているのが重農主義の思想なのである。フォルボネにとってそれは人間の効用という考えからするとあまりにも一面的あるいは限定的すぎると見なされたのである。

今日の経済学では、農製品のみならずすべての商品から得られる効用を考慮するのであり、商工業から生産される奢侈品からの効用も立派な効用を生むとしたフォルボネの経済思想は、至極当然な理論なのである。現代の視点からすると、商工業で生産される「当時は奢侈品とされた生産品」はごく普通の生産品であって、決してぜいたく品ではなく、当然のことながらそれを消費することによって人々の効用は生まれるのである。

フランス人という同国人からの批判者として、米田（2005）は第7章でグラスラン（J.-J.-Louis Graslin, 1727-1790）とコンディヤック（Étienne Bonnot de Condillac, 1714-1780）を取り上げている。第7章のタイトルは「グラスランとコンディヤックの重農主義批判：欲求と効用価値」となっているが、「自然の恩恵（すなわち土地の存在と植物の成長）」によって生み出される「純生産物」のみを本源的な純生産物と見なし、商工業を無視した重農主義批判は、フォルボネによってなされていた。

グラスランとコンディヤックの真の価値ある批判というか、むしろ貢献は、重農主義批判よりも、後の時代になって効用価値説として定着する近代経済学理論の走りを主張した点にあると判断したい。この効用理論は後になってイギリスのジェボンズ、フランスのワルラス、オーストリアのメンガーによる「限界効用説」（あるいは限界革命）の出発点になるのである。フランスにおいてはワルラス以前にグラスランやコンディヤックによって効用理論の先駆けがあったことを記憶しておきたい。

## 5　自由放任主義

ケネーの学説はもう1つの重要な主張を含んでいた。それは穀物取引の自由である。専制君主や地主が農業生産にさまざまな規制を設定すると農業はうまく機能しないので、穀物価格の決定を自由市場に任せておくべきと主張したのである。この考え方が後になって自由放任主義（laissez-faire）と認知されるようになったのである。

重農主義者はこの自由な経済取引こそが人間社会の運営にとって重要であると考え、この秩序を満たす概念は「自然法」というもので規定されるとした。「自然法」は国王などが発令する実定法などよりもはるかに超越した姿で存在しており、天命に近い法律と見なしてよく、何人も違反してはならない法律なのである。現代に即しては、実定法の憲法よりも一段上にある法律と解釈もできる。そしてこの「自然法」の世界を擁護するには強力な権力を持った者が必要なのであり、それが現実の専制君主に他ならないと考えたので、重農主義者は専制君主体制の存在を正当化したのである。

したがってケネーをはじめとした当時の経済学者は決して民主主義を主張したのではなく、封建地主の存在と専制君主の存在の双方を容認したのであり、旧体制の主張者という特色を有していた。しかし重要なことは、経済的な取引の自由の重要性を主張したことだけは記憶しておきたい。

米田（2005）はこの「耕作の自由」や「競争の自由」以外にも、「知性の自由」や「所有の自由」がケネーによって主張されたとしている。これらの自由が人間社会で満たされることによって、人間は自分の利益なり効用を高めることが可能であるとした。「所有の自由」は後になって私的財産保有権の自由につながり、やがて個人や企業が消費財や資本財、そして土地を自由に保有して、企業などが自由な経済活動を行えるような資本主義社会への道として発展していくのであると理解しておこう。

アダム・スミスはイギリス人ながら、ケネーを中心にしたフランスにおける研究に関して、フランスを訪れたり文献を読んだりして熟知していた。彼は自由放任主義の考え方を借用して、自己の『国富論』において資本主義における経済自由主義の重要さを主張したのであり、今日では「経済学の父」と称されるほどの貢献をしたのである。ケネーは「父」であるスミスよりも一世代前なので、ケネーを「経済学の祖」としたのは合理性がある。ただしスミスはケネーの農業のみを本源的な純生産物を生むとする思想には与せず、むしろ商工業も純生産物を生むと考えたので大きく異なる。

皆が知るようにスミスの経済学は古典派経済学として大発展を遂げるが、これについては通常の経済学史の書物に譲り、ここでは「自由放任主義」が現代でどう生きているかだけを簡単に述べておこう。第二次世界大戦中から戦後にかけてフリードリッヒ・ハイエク（Friedrich August von Hayek, 1899-1992）とミルトン・フリードマン（Milton Friedman, 1912-2006）によって市場原理主義あるいは自由至上主義、新自由主義として規制緩和、競争促進を主張した経済思想が一世を風靡した。政治の世界からもイギリスのサッチャー首相、アメリカのレーガン大統領、日本の中曽根首相や小泉首相によって支持され、福祉削減策を含めた政策が導入され、経済活性化にある程度貢献した思想となっていることを述べておこう。

# 第3講

# ポスト重農主義と産業主義

## 1　はじめに

18世紀はケネーを中心とする重農主義が全盛であったが、１７８９年のフランス革命前後になると、重農主義あるいはフィジオクラシーに代わる経済思想として、農業以外の産業を重視する考え方が台頭した。さらに経済分析のツールとして、均衡概念や価格理論の発展を促すことになる分析手法が出てきた。前者に関しては、土地あるいは農業を本源的に純生産物を生み出す要素なり産業と見なす考え方への批判であり、後者は経済学をもっと大きな視点から、かつより厳密に分析する概念なり道具の提供に成功したのである。

## 2　カナールとセー

重農主義への批判は前講でも述べたので、本講では新しい概念と分析道具について主として論じたい。まずはカナール（Nicolas-François Canard, 1750-1833）である。１８０１年にカナールは『経済学原理（*Principes d'économie politique*）』を出版して、彼の経済学の主張を世に問うた。激動のフランス革命を終えてナポレオンが皇帝になろうとしている混乱期であった。

カナールは重農主義批判の流れの中にいて、自己が生きていくのに必要な食料を生産する労働を

「必要労働」と見なし、それ以上の労働（「剰余労働」と称される）が生産活動に費やされるなら、農業以外の商工業部門での生産につながると見なした。これは前講で議論したフォルボネ、グラスラン、コンディヤックなどの商工業での生産も「純生産物」を生み出すので重要である、との重農主義批判に沿うものある。この分野での労働は現代では「剰余労働」ではなく「必要労働」と見なされるべきものであり、カナールの労働観は重農主義の枠から飛び出そうとする意識があったことから生じたものである。むしろカナールの「剰余労働」は後になってマルクスが剰余価値論を主張する際のヒントとなったことが興味深い。

おもしろい記述が御崎（2006）でなされている。1799年にフランス学士院がコンクールを掲げていたのであるが、カナールはそれに応募して賞を受けた論文の内容を基礎にして『経済学原理』を出版したのである。ところが後に詳しく述べる、偉大な経済学者であるクールノーやワルラスに関しては、学士院がこの2人の功績を認めなかったという歴史がある。現代になって評価すれば、クールノーやワルラスのほうが経済学史上からするとカナールよりもはるかに価値の高い業績を示したのである。学術上の賞というのはいつの時代でも一面的な判断をすることがある、という良い例となっている。

カナールの貢献は、売り手（供給者）と買い手（需要者）の意向が均衡（すなわち一致）するときに物の価格と生産量（あるいは取引量）が決定する、しかも価格は売り手と買い手の力関係で決まるというのもあり、現代の経済学であれば公理と称してもよいほどの学説を主張したのであり、後に発展する価格理論の先駆けとなったのである。そういう意味では、カナールが需給の均衡を重視したのは一般均衡理論への橋渡しの役割を果たしたと評価してよい。

カナールは経済学史上では最初に数学を用いたので、数理経済学者の祖という称号も与えられている。しかし彼の数学に割いた割合は書物の中でほんの数ページにすぎないし、数学の水準も初等代数の域を出ないので、現代の数理経済学というとても高い数学の水準からすると「幼稚園レベル」と称しても過言ではない。しかしカナールに責任はない。むしろ経済学においては算数、あるいは数学を用いて解説したほうが論旨が明確になる利点のあることを示したのである。数学が高級すぎない限り数学を用いることは、わかりやすくなるというメリットを強調しておこう。

次はJ-B・セー（Jean-Baptiste Say, 1767-1832）である。私たち経済学徒がセーに関して記憶している最も重要な言葉は、「供給が需要を生む」である。この言葉の意味するところは次のようにまとめられよう。価格を媒介とする市場経済を考えたとき、供給が需要よりも大きければ、価格が下降するので需要は増加するのであり、需給は一致する。需要を喚起するためには供給が増加すれば、必然的に需要も増加するので、供給を増やせばよいということになる。

これは20世紀になってイギリスのJ・M・ケインズが有効需要の理論で「ケインズ革命」を起こしたとき、「供給が需要を生む」としたセーの学説を批判し、特に有名となった。ケインズの意図は、不況の原因は需要の不足にあるので、まずは需要を喚起するのが政策として重要であると主張したのである。

セーの生涯については御崎（2006）に解説がある。織物の街リヨンに生まれ、若い時にパリに出てから、1785年にはロンドンに移る。そこでセーは英語と商業を学ぶが、アダム・スミスの『国富論』に接して感銘を受ける。当時のフランスの経済学者としては珍しく英語に強く、かつイギリスの経済学者と交流を持った人である。口の悪い人はセーの主著『政治経済学概論（*Traité d'Économie Politique*）』はスミスの『国富論』のコピーにすぎないと評している。スミスはよく知られているように、市場が自由であれば経済はうまく機能するという経済思想を主張して、自由主義経済、あるいは資本主義経済体制の解釈に大きな流れを生む走りとなった。「経済学の父」とまで呼ばれている人である。なおセーはパリにあるコレージュ・ド・フランスに創設された経済学講座の初代教授に就任した（1830年）。この学校は最高の知性を備えた人が就任する特別な学校で、学生はおらず、市民が教授の講義を受けるだけである。名誉な地位に就いたので、セーは大人物である。

なお、セーの著作は『政治経済学概論』であって『経済学概論』ではない。セーの意図としては、「政治」という言葉を使うことによって、政治が経済を取り仕切るのではなく、むしろ政治から離れた自由な経済取引の重要性を説いていると解釈したほうが望ましい。現代では「政治経済学」は、政治の世界がいかにうまく経済政策を行うか、という意味に使われることが多いので、セーの時代の「政治経済学」と現代のそれとは意味が異なることに注意されたい。

御崎（2006）はスミスの経済学とセーの経済学の違いを次のように要約している。スミスは生産要素を土地、労働、資本の3つとして考えたが、セーの場合には自然的要因、インダストリイ、資本の3つで考えた。ここでインダストリイとは「産業」と訳されるべきではなく、①知識、②企業家、③労働の3つから構成されるとした。知識なり技能が生産に貢献し、労働も同じく貢献するので自明ではあるが、企業家がここに入るのはやや不自然である。企業家は知識、労働、資本、そして土地をフルに活用して存在するのであり、知識、企業家、労働が3つで並列されているのには、やや違和感がある。

とはいえここではセーの貢献を次に求めて積極的に評価しておこう。すなわち、供給が需要を上回れば価格が下がるので企業の生産額（販売額）が減少するのであり、不況とならざるをえない。不況から脱却するには供給量を増加して、価格の下降した製品を消費者はもっと消費するようにしてもらう。すなわち需要が追随するようにして需給を一致させるのが望ましいとした。供給が自然と需要を生むという、現代でも「サプライサイド経済学派」が存在して、「セーの法則」は生き残っている。しかしすでに述べたようにケインズの批判もあるので、2つの説があることを記憶しておこう。

セーを総括しておこう。需給の一致が経済の基本であると主張し、かつ自由主義経済の価値を主張したセーの功績は大きい。しかもコレージュ・ド・フランスの初代経済学教授にもなったので、当時の正統派経済学の象徴的人物として君臨した人でもあった。

## 3　サン＝シモン主義

クロード・アンリ・ド・サン＝シモン（Claude Henri de Rouvroy, Comte de Saint-Simon, 1760-1825）という、本名は長い名前で、しかも「de」が付いた貴族名で示されるとおり、名門の出である。しかも経済学者、科学者、思想家、扇動家、宗教家といったようにいろいろな分野で名の登場する人である。一時はサン＝シモン主義と称されるほど教祖として祭り上げられた指導者でもあり、この人を一口で語るのは容易ではない。そこで本書の主題に鑑みて、産業主義と社会主義に関して多くを語る。ただし社会主義に関しては別の講で扱う。サン＝シモンの人生と主義については御崎（2006）、中嶋（2018）があるのでそれを参照し、産業主義の内容については上野（1995）、鹿島（2011）、中嶋（2018）から知り得た。さらに経済学専攻の筆者なので独自の観察と主張も多く加えた。

サン＝シモンは1760年生まれなので、ナポレオンがつくったエリート校のポリテクニク（理工科学校）は存在していなかった。後世代の多くがこの学校の卒業生であるのと異なり、彼は卒業生ではない。ただし名門貴族出身なので教育は主として家庭教師から受けた。しかし成人してからは住居をポリテクニクの近所に移して、そこの教員たちと交流を重ねて知的能力に磨きをかけた。さらに重要なことは、後になってサン＝シモンの思想はサン＝シモン主義として教祖的な支持を得るが、主たる支持者はポリテクニク出身のエリート層であり、フランス経済を強くするためにサン

＝シモン主義の実践に努めた運動家の存在も大きかった。その代表者のひとりが次に論じるミッシェル・シュヴァリエである。

バスティーユ牢獄の襲撃

血気盛んなサン＝シモンは若い時にアメリカ独立戦争に従軍したし、旧体制（アンシャン・レジーム）支配の象徴として民衆がバスティーユ牢獄を襲撃するなどしたフランス革命中は投獄経験もある。経済才覚にも優れていたので国有地売買の投機事業で成功して巨万の富を得たが、知的交流にお金を使いすぎて破産をも経験した。自殺を試みたこともあるのでサン＝シモンには能力はあるが山師的なところがあり、とらえどころのない人物である。後に教祖的な扱いを受ける要因だったかもしれない。

サン＝シモンは「空想的社会主義者」のひとりとして理解されてはいるが、むしろここでは経済を強くするにはどうしたらいいか、産業を強くするにはどうすればいいか、といったもうひとつの課題について、主として経済思想の立場から注目する。具体的にどのような政策をとればよいかといった点は、後の弟子筋にあたるサン＝シモン学派の人々が提案したのであり、元祖であるサン＝シモンはそういう具体的な経済政策論ではなく、国家や社会のあり方、向かうべき姿を大上段から世に問うという仕事をした。それは1817年から1818年に出版された『産業（*L'Industrie*）』、1821年から1822年にかけて出版された『産業体制論（*Du système industriel*）』、1823年から1824年にかけて出版された『産業者の教理問答（*Catéchisme des industriels*）』で主張された。

フランス革命を身をもって体験したサン＝シモンであり、革命は封建権力者を追放するのに成功はしたが、社会のさらなる発展をもたらすには産業の強化が必要であると主張した。それには企業家、労働者、商業、農業など（彼はこれらの人を産業者階級と呼んだ）の役割が重要であり、これらの人の活躍によって社会における生産活動が活発になると考え、究極的に国の繁栄は達成されるとしたのである。したがって、地主、役人、軍人などのように旧体制の指導者の役割を否定した。

ここで興味ある事実として、サン＝シモンは産業主義の進行には、まず科学の知識をよく学んだエリート層が必要との認識を持っていた。それは産業技術を向上させるには、こういう学識深い人々の仕事に期待せねばならないということである。彼がポリテクニクの先生や生徒と深い交流を持った経緯がよくわかる。言わばエリート層が産業主義の主導者なのである。

次に重要な役割を演じる者として、中流階級に属する人が産業における実際の担当者、労働者として働いてこそ産業は発展すると考えた。そういう人にはある程度の教育を与えれば、現実の生産現場で効率的に働き、産業主義の担い手の役を演じると考えたのである。中等教育の重要性を指摘したと考えてよい。

残念ながらサン＝シモンは下層階級の人々の役割や、教育をどうしたらよいかに関しては若い頃はさほど言及していない。産業主義が最も大切な政策であるとその当時は信じていたのであり、空想的社会主義者のひとりとして出てくるのは、彼が年をとってからのことである。

この産業主義の考え方は、イギリスのことに詳しいJ-B・セーの主張に近いものがある。セーはすでに紹介したようにアダム・スミスの『国富論』の影響を受けていたし、イギリスが工業などで産業革命を起こそうとしていた時代に、フランスが旧態依然の農業を中心にした経済を続けていれば発展はないという判断を継承したのである。後進国経済の打破のためには産業主義によって産業を強固にせねばフランスはますます遅れてしまう、というセーの経済思想をサン＝シモンは継承したのであった。

そのためには御崎（2006）によると、サン＝シモンは社会の再組織が必要であると世に問うたのである。再組織というのは穏やかな言葉であるが、少し誇張すればフランスにも産業革命と称してもよいほどの産業主義が必要である、とサン＝シモンは言いたかったとしておこう。

それを具体的に成功させるのは、哲学、文学、物理学、化学、天文学などの科学を利用し、古い思想や迷信を打破し、科学主義に立脚した新しい世界をつくらねばならないという革命に近い発想であった。これがあるからこそ、科学は新しい技術を生むし、産業主義の柱になると主張したのである。

実はこのサン＝シモンの説を積極的に支持したのが、ミッシェル・シュヴァリエのようにポリテクニクで理学・工学を学んだ人々であり、彼らの技術や経済学の知識を産業主義の実践に役立たせようとしたのである。

やや話題は逸れるが、サン=シモンの経済思想は、一部の弟子（代表的にはアンファンタンやバザールという人々）によってサン=シモン主義の実践活動の推進を図るために宗教的な色彩を強めることとなった。この中には産業主義を宗教思想として普及せんとし、サン=シモンの死（1825年）後に教父となってまで禁欲的な集団生活を行いながら、宣教活動を行う人もいた。ただし宗教運動は多くの場合分裂騒ぎを起こすのであり、バザールは脱退したし、後に述べるミッシェル・シュヴァリエも機関紙『グローブ』の編集長を辞し、離党したのである。

産業の振興が宗教の運動と結びつくのは不思議なことであるが、「クレディ・モビリエ」という動産銀行をつくったペレール兄弟、フランス鉄鉱会社の有力企業である「クルゾー」の支配人フルネル、スエズ運河の建設やパリ・マルセイユ間の鉄道建設に貢献したアンファンタンなど、フランスでの企業や産業の育成に貢献した人をこの主義者で輩出したのである。

教祖にまで祭り上げられたサン=シモン主義が、産業主義として重視した産業は、すでに述べた企業人の名前からすると、銀行と運輸であると気付くであろう。そのことをもう少し具体的に述べると、銀行、鉄道、そして株式会社である。鹿島（2011）はサン=シモン主義の具体的な政策はこの3つに集約されると述べている。鹿島は詳細にサン=シモン主義者の経済活動を報告しているので、それを見てみよう。

まずはすでに登場したアンファンタンである。ポリテクニク出身の彼は若い頃に政治経済の本に親しんでいたが、サン＝シモンに会う機会があり、彼から直接薫陶を受けた少ない弟子のひとりである。アンファンタンは株式合資会社という新しい形態、すなわち合資会社でありながら株式を発行する会社をつくったのである。今はこの形態の株式会社は存在しないが、当時は有限責任の株主と無限責任の株主とで成立していた。今は有限責任の株主のみになったのが株式会社である。アンファンタンの当時は株式合資会社が株式会社のような役割を果たしていたので、サン＝シモン主義では「株式会社」と呼ばれていた。この株式会社こそが社会から資本を集めて、土地や機械への投資を行い、労働者を雇用する資金源とできたのである。実はこの株式会社方式は成功せず、1852年のペレール兄弟によるすでに述べたクレディ・モビリエ（動産銀行）の誕生まで待たねばならなかった。

この銀行は手形割引という仕事の他、株式の購入や長短期の資金貸付けという業務を行い、商工業や公共事業への設備投資の資金供給を行ったのである。資金の調達は株式のみならず社債の発行でも行われた。このクレディ・モビリエ銀行は大成功を収め、フランスの鉄道会社、船舶会社、ガス会社、保険会社などの設立を促したのであり、フランスの産業主義の発展に大きく寄与した。クレディ・モビリエの成功は、それに続く銀行の設立を促したのは言うまでもない。

ここで鉄道業について一言述べておこう。物品の移動をスムーズに実行するためには陸路による鉄道が必要であることは当然である。石炭、鉄鉱、綿花・羊毛、農製品といった原料と食料の輸送に役立つし、製品の販路を確保するのにも鉄道が有用であることは言を要しない。フランスでは

1851年には3627キロメートルにすぎなかった鉄道網が、1870年には1万7933キロメートルに達したのであり、鉄道業の発展にはすさまじいものがあった。実はアメリカにおける産業の発達はこの鉄道業に大きく依存したことを強調しておこう。現にアメリカの産業発展の時代、大富豪の多くはこの鉄道業での成功者だったのである。

こうしてサン=シモン主義による株式会社、銀行、鉄道という三種の神器は、フランスの産業主義に大きく貢献したのである。実は当時在仏中の「日本資本主義の父」渋沢栄一も、この三種の神器の重要性を学び、帰国後にそれを実践したのである。詳しくは橋木(2020)を参照のこと。

ここでサン=シモンのもう1つの貢献である「ヨーロッパ主義」への貢献を考えておこう。現代のヨーロッパはEU(欧州連合)で代表されるように、政治経済同盟で象徴される。最近は大国のイギリスが離脱したので、全ヨーロッパを統合する同盟ではなくなったが、多くのヨーロッパ諸国が加盟しており、覇権国である自由主義経済国のアメリカに対抗する組織として大きな影響力を有している。最近は中国の台頭が顕著であるが、それでもEUはアメリカとともに二大勢力となっている。この経済共同体は汎ヨーロッパ主義の象徴と見なしてよいが、実はサン=シモンも18世紀末から19世紀の初頭にかけて汎ヨーロッパ主義を主張したことがあるので、ここで彼が登場するのである。

実はEUの前々身である欧州石炭鉄鋼共同体(後の欧州委員会)をつくったロベール・シューマン(1886-1963)とジャン・モネ(1888-1979)はともにフランス人なので、およそ2世紀も前にサン=

シモンがヨーロッパ統合とまでは言わないがヨーロッパ再組織を主張したのもフランス人なので、ヨーロッパにおいては汎ヨーロッパ主義を主張・実行する人にフランス人が多いことも、ここでサン＝シモンを取り上げる理由である。

1814年にサン＝シモンは『ヨーロッパ社会再組織論』を発表して、自己のヨーロッパ観、そしてヨーロッパはどうあるべきかの主張を述べた。当時は1815年のウィーン会議が開催される直前であり、ナポレオン皇帝の敗戦後のヨーロッパの秩序と領土をどういう体制にするか、について討議する諸国の代表による国際会議である。映画『会議は踊る』でも知られている。この会議では、敗戦国フランスにもかかわらず、フランス代表タレーランは得意の外交戦術を駆使して、敗戦国の犠牲を最小にしたのでも有名である。

ウィーン会議の頃には、ヨーロッパに関して3つのヴィジョンがあったと中嶋（2018）は主張する。第1は、ナポレオンによるフランス帝国を中心としたような「ナポレオンのヨーロッパ」で代表される構想である。当然ナポレオンは敗戦したので彼の名前は仮にすぎず、意図は1つの帝国がヨーロッパを反動的に治める構想である。

第2は、ウィーン会議で決まる「ウィーン体制」の方法である。すなわち、イギリス、ロシア、プロイセン、オーストリアの4大国による勢力均衡を図る軍事同盟である。後にフランスも復古王朝国になっていたので加わるが、これら5か国の同盟は基本的にはそれぞれの国が王国ないし帝国なので、反動的な過去の「神聖ローマ帝国」のような同盟であった。

第3は、サン＝シモンの好んだ「ロマン主義的思潮」と称してもよい考え方である。18世紀から19世紀にかけて、ヨーロッパにおいて展開された思想で、文学、哲学、芸術の各分野で勢力のあったロマン主義の思想を借りたものである。これまで勢いのあった合理主義や理性主義よりも、感受性、主観、情緒などを大切にした人間主義、と言えようか。

意外なことに、サン＝シモンは中世ヨーロッパ社会を賛美しており、ローマ教皇が諸侯・諸国の頂点にいて、キリスト教精神の下で世界は戦争の少ない平和な時代であった、と評価したのである。そしてサン＝シモンはこの中世ヨーロッパの体制をもう少し発展させた思想として、アンリ4世（1553-1610）の『大計画』とサン＝ピエール神父（1658-1743）の『ヨーロッパ恒久平和覚書』と『恒久平和草案』を批判しながらも、好意的に借用して自己の主張を提案した。

『大計画』はどういうことかと言うと、ヨーロッパを15の国家に分けて、そこからの代表者が平和をつくるべく議会のような評議会を設定して、そこで決めたことで秩序を維持するという構想である。サン＝ピエールの考えは、各国の王や諸侯に対して共通議会を備えた1つの「ヨーロッパ社会」をつくって、恒久平和を実現するというものであった。

具体的にサン＝シモンはどのような案を提出したのか、『ヨーロッパ社会再組織論』では次のような主張をしている。イギリスを見れば立憲君主国としてまがりなりにも民主主義国家になりつつあるし、今のフランスは王国であるがいずれ民主国家になるであろうから、英仏両国が民主国家として先導して、他のヨーロッパ諸国も参加する「ヨーロッパ合衆国」のような統合を図るというものであった。

イギリスは産業革命を成功させつつあって経済大国になっているし、フランスもサン＝シモン流に言えば産業主義を成功させて近い将来経済大国になるであろうから、英仏が共同してヨーロッパ世界をつくればよい、との主張であった。背後には、英仏が植民地主義に走り出した頃でもあるので「世界の覇者」との意識が見え隠れしていて、サン＝シモン主義を現代から評価すると合格点は与えられない。

しかし民主政に立脚し、かつヨーロッパ各国が1つのヨーロッパ連合国をめざしながら、恒久平和を確保したい、というサン＝シモンの発想には異存はない。ただし、英仏両大国がそこで指導者になるという覇権意識には違和感がある。現代のEUにおいても、ドイツとフランスが盟主のような地位にいるので、どうしても大国は望むと望まざるとにかかわらず、そのような地位をめざしてそれを実現するのであろうか。

歴史が教えるように、サン＝シモンが唱えた「1つのヨーロッパ」あるいは「ヨーロッパ連合国」は実現に至らなかった。それは第二次世界大戦後まで待たねばならなかった。ここが思想家の限界かもしれない。戦後のヨーロッパはジャン・モネやロベール・シューマンという政治家の腕に頼らねばならなかった。でも繰り返すが、3人ともフランス人であることが意義深い。

## 4　ミッシェル・シュヴァリエ

ミッシェル・シュヴァリエ（Michel Chevalier, 1806-1879）を一言で要約すれば、「彼の生きた時代のフランス経済政策の運営に大きく貢献した人」ということになろうか。経済学の歴史上から評価すれば、シュヴァリエの名前はケネー、クールノー、ワルラス、デュピュイなどのように世界的に知られておらず、ほとんど登場しない。しかしフランスでは学者として最高の名誉であるコレージュ・ド・フランスの経済学教授の地位にあったし、後に詳しく紹介するように経済政策の運営で名を残した人でもある。日本でも400ページ弱に達する研究書（上野 1995）があるほどなので、ここで取り上げる価値はある。しかもここでの記述は上野の前掲書にかなり依存する。

シュヴァリエは名門校のポリテクニクを優秀な成績で入学、そして卒業する。この学校の卒業生らしく、当時ではエリートの1つである鉱業局に入省して鉱業官吏として職業生活を始めた。すでに述べたことでもあるが、イギリスに遅れをとっているフランスでは、経済を強くするためには産業の育成が不可欠との意識が理工系の学問を学んでいるポリテクニシャンには強く、そのことを主張していたサン＝シモン主義の信奉者になった人は多かった。

シュヴァリエも例外ではなく、サン＝シモン教団の中で頭角を現して機関紙『組織者』の編集員や『地球』紙の編集長となって産業主義の重要性を宣伝する役割を果たしていた。教団の中ではすでに述べたようにアンファンタンなどはサン＝シモン主義を用いて宗教運動のような教宣活動を行うようになっていたが、最終的には仲たがいが起き、シュヴァリエは運動から離別したのである。

パリ万博で各国からの来訪者を迎えるナポレオン３世

このサン＝シモン主義からの離脱後に、シュヴァリエは時の農工商大臣に接近して新しい仕事を得た。それは新大陸アメリカの視察とその報告書の執筆であった。経済学に強いシュヴァリエは、アメリカの通貨政策、貿易政策、鉄道業、工業政策などの多岐にわたる視察で学び取り、それは後に『北アメリカについての書簡集』として結実した。この報告書と2年後に出版した『フランスにおける物質的利益論、公共事業、道路、運河、鉄道』の2冊によって彼の名声は一気に高まり、1840年にはすでに述べたように第3代目のコレージュ・ド・フランスの経済学教授の地位を34歳の若さで得たのである。

学者としての名声を確実にしたシュヴァリエは、自己の経済思想を現実の経済運営に生かせるため、時の政権の経済アドヴァイザーになることに成功する。たとえば1851年のルイ・ナポレオン（後のナポレオン3世）によるクーデターの成功でフランスは王国となるが、そのときにシュヴァリエは経済顧問として重宝されるようになった。シュヴァリエの経済政策は、かつて彼がサン＝シモン主義者であった頃の産業主義の主張を再び採用するのであった。一時はサン＝シモン主義を信奉していたシュヴァリエは、内部紛争のあおりでその運動から離脱したことを述べたが、フランスが第二帝政の時代になると再びサン＝シモン主義のような経済思想を主張するようになったのである。このように主義・主張を二転・三転させるところのあったシュヴァリエに対しては、国内でも批判の声は見られた。

たとえばビアール（G. Biard）はシュヴァリエの伝記の中で、「専門的才能をもち、高ぶらない品のある態度をもち、俗にいうように僅かな機会をも全てを名誉のため、さらに名誉から財産に達するために利用する」（上野 1995：24）と言っている。これはシュヴァリエが、上品で学識がありながらも出世主義の虜になっていて、名誉とお金を求める経済学者であったとの痛烈な批判文である。

シュヴァリエはここまで紹介してきたように、学界人として名誉を極め、かつ時の権力者の経済アドヴァイザーとして政策形成に大きな貢献をし、かつ獲得した所得・資産もビアールの言うようにかなり高かったであろう。ひとりの人生としては大成功者と結論してもよいだろう。

しかしたとえばビアールの批判をどう評価したらよいか、私見を交えてコメントをしておこう。学者は清貧であるべき、とまでは主張しない。学者はお金持ちにならなくてよいが、ある程度の収入がないと研究・執筆の障害となることがあるので、所得・資産に無関心というのはよろしくない。かのイギリスの有名な経済学者であるケインズは保険会社の社長でもあったので、学者としての所得よりも経営者としての所得のほうが高かったであろう。

問題は名誉である。シュヴァリエは学者としての最高峰であるコレージュ・ド・フランスの教授になったので、名誉を得たことは確実であるが、後世に残るような経済学上での格別の仕事はなかったので、学問上はそれほどでもなかった。しかし、フランス経済を強くするための政策上の有益なアドヴァイスを多くして、その役割を果たしたと思われる評価はされてよい。要は純粋学問としての際立った成果を出したことによる名誉か、現実の経済をよくするための政策上のアドヴァイスや新しくて有効な政策の提言が際立っていた名誉か、の違いである。後者の名誉に関してシュヴァリエは該当すると考える。

ついでながら、先ほど名前の出たケインズは「ケインズ革命」と称されるほどの学問上で画期的な貢献をしたし、イギリス経済政策上のみならず国際金融上の政策においても斬新で有用な提言をしているので、学問と政策の2分野での大貢献、稀に見る天才経済学者であった。

ではサン＝シモン主義への入門、離脱、そしてサン＝シモン主義を再び主張するというシュヴァリエの変節はどうであろうか。経済思想、あるいは経済理論として昔主張していたことを変えて新しい主張をするのは好ましくないが、シュヴァリエのような政策に関する提言の変更も、原則として好ましくないことは確実である。ただし政策に関しては時の為政者が考えていることと異なることを主張すれば、「犬の遠吠え」としてしか理解されないし無視される可能性が高いので、為政者が関心を持ってできれば受け入れてくれそうな政策を提言することは、筆者の好みではないが必要なときもある。シュヴァリエはこの点で世間の動向をうまく嗅ぎ付ける才能があったので、時の権力者に重宝がられる仕事に就けたのであった、と解釈しておこう。とはいえ政策に関することであっても変節することは80％くらいは原則ダメ、20％くらいは容認というのが筆者の判断である。

最も理想的な姿は、自分の政策提言・信念を為政者ないし大衆によくわかってもらえるように、そしてできれば納得してもらえるように、理論の道筋を立てて説得する術を披露し、そしてそれを証明する実証的証拠が皆にわかってもらえるようにすることにある。

最後に、シュヴァリエが経済学、あるいは経済政策でどのようなことを主張していたのかを簡単に振り返っておこう。それは次の3つに要約できる。第1は、フランスの産業を強固にするには、自由経済の思想が重要と考えており、当時のフランスがイギリスに遅れたとはいえ産業革命の兆候はあったので、自由主義経済あるいは資本主義経済の長所を種々の観点から主張した。たとえば競争の意義、機械化の必要性、有能な技術者・労働者の養成などが主張の論点であった。

第2に、自由経済論者の証拠として、自由貿易を主張したことが大きい。イギリスより遅れていたフランス産業では、自国の産業を保護するために保護貿易論者の意見が強かったが、シュヴァリエは自由貿易論者の立場にいた。イギリスでは有名な穀物論争があって、自由貿易論者のD・リカードの支持者であり、その説の継承者であった。

第3に、サン＝シモン主義の3つの柱は、株式会社、銀行、鉄道と述べたが、シュヴァリエはこの中でも鉄道に関する思い入れが強かった。原料や製品の輸送に必要な鉄道の重要性を説いた。それは彼の最も有名な１８３２年の著作『地中海制度論』で主張されたのである。この著書では陸路の鉄道のみならず、運河や海路における蒸気船舶の重要性にまで言及し、フランス産業の発展のためには交通網の整備が役立つと主張したのである。

# 第4講
# 空想的社会主義

## 1　はじめに

フランスの社会主義思想家・運動家のシャルル・フーリエ、サン＝シモン、そしてイギリスのロバート・オーエンは空想的社会主義者として理解されている。なぜこのような名称で呼ばれているかといえば、ドイツ人の経済学者であるカール・マルクスとフリードリッヒ・エンゲルスの2人の存在がある。自分たちの経済学思想は科学的な演繹の下で打ち出された理論であるし、実行可能に至るまでの政策や運動の手法についても述べていると主張したのに対して、空想的社会主義にはそういう特色がなくてユートピア的な発想、やや誇張すれば夢想を述べたにすぎないと批判したことで、空想的社会主義という言葉が生まれた。特にエンゲルスの『空想から科学へ』の中での命名によるところが大きい。

もう少し具体的に述べれば、科学的社会主義は唯物史観に基づく哲学・思想的な背景を持ち、かつ経済学としても労働価値説に立脚して資本家と労働者の関係を論理的に分析した結果であるとした。空想的社会主義は、たとえば16世紀から17世紀にかけての有名なトマス・モアで代表されるように、単なる理想郷を述べた思想に近く、社会主義を実現するには具体的にどうすればよいかといった方法論に欠けるので、「空想的」という冠言葉が献上されたのである。本講では主として空想的社会主義者を論じるが、これとは一線を画す社会主義者もフランスにはいたので、それらの人々（シスモンディ、ソレル、プルードンなど）についても言及する。

## 2　ロバート・オーエン

空想的社会主義を論じるときは、まずはイギリス人から始めねばならない。エンゲルスは空想的社会主義者として、フランス人のサン＝シモンとシャルル・フーリエ、イギリス人のロバート・オーエンの3人を名指ししている。生まれた順では、サン＝シモンが一番早く（1760年）、次いでオーエン（1771年）とフーリエ（1772年）が続くが、サン＝シモンはすでに前講で取り上げたので、ここではイギリス人ながらオーエン（Robert Owen, 1771-1858）を論じてみたい。オーエンについては土方（2003）が参考になる。

フランス経済学史の書物においてオーエンを論じる最大の理由は、彼の人生における実践的活動が空想的社会主義の思想に依拠している面が大きいし、その成果が現代でも生きているからである（たとえば協同組合運動など）。そして彼の思想のフランス空想的社会主義への影響が大きいからである。次いでサン＝シモンの社会主義的な側面とフーリエについて述べる。

オーエンは企業経営者でありながら児童や労働者の立場を考慮して、これらの人々が、産業革命を経て資本主義経済が強くなりつつある中で過酷な労働を強いられたうえ安い給料で雇用されている姿をまずは凝視した。そしてそれを改善しようとした社会運動家でもあった。

小さな手工業者の子どもとして生まれ、小さい頃は商店や工場で働いた。教育の程度はとても低かったが読書が好きだったので、いろいろな本を読んで知識を深めていった。実業の世界でも頭角を現して、紡績工場の支配人になり経営者としての能力を発揮するようになった。ついにはスコットランドの紡績工場の共同経営者にまでなったのである。

経営者として成功したオーエンではあったが、子どもの頃の勤労経験から労働者が悪い労働条件で働かされていることをよく知っており、常に労働者の待遇を改善する経営者であった。後になってマルクスが出てきて、資本家によって労働者が搾取されているのが資本主義であるとのマルクス経済学が主張されることになるが、オーエンは経営の現場にいてできるだけ労働者に同情的な労務管理を行う経営者であり、資本家であった。

オーエンは自己の経営思想と労働保護の目的のため、独自の共同体を実践するとして、ニューラナーク綿紡工場をつくって、社会改良政策を実行に移した。この試みはある程度の成功を収め、オーエンは経営者ながら労働者の厚生にも配慮した傑出した人物として名声を高めたのである。

この間オーエンにとって有意義だったのは、マンチェスターにいる学者たちとの交流であり、小学校教育しか受けていないところに高度な知的刺激を受ける機会が到来したのである。そこで経営学の勉強のみならず、科学、哲学、宗教などの勉学に励むようになり、自己の経済思想を持つようになったのである。

どのような思想かといえば、児童労働の禁止と児童は最低限の教育を受けるべき、労働条件を良くするための工場法の制定、労働者は団結して自分たちの劣悪な労働条件を改善する声を資本家に要求すべき、といったものであった。そのためにオーエンは著書『新社会観』（1813）まで出版して、児童と働く労働者の悪条件を社会は改良せねばならないと主張したのである。

１８１０年代の後半からオーエンは自己の信条を世に定着させるため、執筆・啓蒙活動に熱心になり、ついには政治家に法律の制定を求めるブレーンにまでなっていた。特に児童の労働を制限するために「紡績工場法」の制定にまでこぎつけ、さらに彼の思想である「労働者は団結して資本家に対抗せねばならない」は、後に労働組合形成の運動となる意味で価値があった。

もう1つオーエンが熱心になった運動は、少数の大資本家による企業経営よりも、出資者を多く集めて共同で事業を経営するという協同組合主義の啓蒙と実践であった。この方式だと働く労働者の搾取は少ないだろうと期待された。

この協同組合運動はイギリスでは賛同者が少なかったので、オーエンは新天地のアメリカに渡ってそれを実践せんとしたが（有名なニュー・ハーモニー建設運動）、それは失敗に終わったのである。むしろイギリスに戻ってからはオーエンの運動は賛同者が増加して協同組合がかなりの数設立されたし、企業においても労働組合設立の動きが強くなったのである。たとえばこれらに関しては上田（1984）に詳しい。

空想的社会主義を論じるのにイギリス人のロバート・オーエンを論じるのは、「フランス経済学史」にとってはふさわしくないかもしれないが、空想的社会主義そのものを理解するにはオーエンが創始者のひとりなのでここで取り上げた。

## 3　クロード・アンリ・ド・サン＝シモン

すでに前講でサン＝シモン主義を紹介して、サン＝シモンがフランスの産業を強くするための産業主義の思想を世に提案していたことを述べた。それを受け継いだのがミッシェル・シュヴァリエに代表される経済学者であったし、その背後にはアダム・スミスの影響を受けたJ－B・セーなどの自由な経済競争を可とする資本主義的な経済思想の流れを、サン＝シモン主義が踏襲したと見なしてよい。

ところが、である。マルクスとエンゲルス、特にエンゲルスがサン＝シモンを空想的社会主義者として半分好意的に、半分否定的に評価したので、サン＝シモンは社会主義者としての顔も有するようになってしまった。サン＝シモンは複雑怪奇な顔を持つ人であるが、空想的社会主義者としては避けて通れないので、ここで論じるものである。

サン＝シモンは数多くの書籍を出版しているし、その題材もいろいろな話題を幅広く論じており、統一的に理解するのは困難である。それを中嶋（2018）は4つの期間に分類しており、とても参考になるのでここで引用しておこう。

①　前期思想（1802-13）：　精神的なるものの探究
②　転換点（1813-14）：　精神から世俗への移行
③　後期思想（1815-23）：　世俗的なるものの探究
④　最後の提題（1823-25）

ここで精神的なるものとは、哲学・科学に関する思考であり、世俗的なるものとは、政治・経済に関する論考と見なしてよい。いわばこの世俗的なるものが産業主義であり、社会主義と考えてよい。

むしろブグレとアレヴィの分類が中嶋（2018）で紹介されているが、これが彼の社会主義を評価するのに好都合である。

①　科学主義者（1802-13）
②　平和主義者（1814-15）
③　産業主義者（1816-18）
④　社会主義者（1819-24）
⑤　道徳主義者（1825）

サン＝シモン

①の代表作は『人間科学に関する覚書』(1813)、②に関しては『ヨーロッパ社会再組織論』(1814)、③に関しては『産業』(1817)、④に関しては『産業体制論』(1821)、⑤に関しては『新キリスト教』(1825)が代表作となろうか。

サン＝シモンは国を強くするため、あるいは国富を増やすためには産業家、あるいは資本家に頑張ってもらって、自由主義経済の下での経済体制で、政府による交通網の整備の助けを得ながら、投資活動を活発に行う企業家に期待した。サン＝シモン主義は、株式会社、銀行、鉄道の発展に凝縮されるとの記述は前講でした。

ところでサン＝シモンの慧眼は、自由主義経済が進み過ぎると資本家と労働者の対立が鮮明になるし、所得や資産の格差拡大が発生しかねないと予想したことである。さらに労働者階級の中でも下位にいる人は失業者になったり、貧困者になったりして階級分断社会になるかもしれないと恐れた。これは好ましくないとして、サン＝シモンの考えた対策は、貧者や弱者が取り残されないように経済をますます強くして、その恩恵が貧者や弱者にも浸透するような制度なり対策を考えねばならないとした。これがエンゲルスをして、サン＝シモンを空想的社会主義者のひとりに入れた根拠の1つであった。

若い頃のサン＝シモンは産業主義の主唱者だったので、下層階級や貧困者についてはほとんど言及していなかったが、年齢を重ねるにしたがって産業主義が強くなると取り残される人の出てくることに気付き、このような社会主義思想の萌芽的な考え方を主張するようになったのである。過去そして現代の偉人においても、サン＝シモンのように若い頃と年をとってからの思想が異なるのは、別に珍しいことはない。どちらをサン＝シモンの主たる思想と見なすかは、読者なり後の人の自由である。逆の見方をすれば、サン＝シモンは常人の枠を超えた複雑な神秘人であるとの解釈も可能としておこう。

サン＝シモンが年をとるにしたがって下層階級や貧困者のことを気にするようになったかについては、彼の宗教、特にキリスト教観が影響していることを述べておく必要がある。彼は『新キリスト教』という1825年の本で、「新約聖書」の中に書かれている「汝の隣人を自らのように愛せよ」という言葉を「汝ら互いに愛し合い、助け合え」と自己流の言葉で書いているのである。この言葉は下層階級や貧困者を助けることが重要である、と主張していると解釈できる。サン＝シモンはこのようにして、キリスト教の教えに依存して彼の思想を代弁したのであり、彼の宗教思想からの発想でもある。やや誇張すれば、富者は貧者を助けよ、という宗教的な経済思想でもある。

この経済思想は現代にも存在しているもので、「トリクルダウン理論」と称されるものである。経済が強くなると雨の雫が下に落ちるように富める者から貧しい者にも恩恵が及ぶという考えである。すなわち経済のパイが大きくなると、自然とパイの一部が貧しい者にも与えられることになるので、経済のパイ（すなわち富）を大きくするために産業を強くするし、それが貧者の救済にも役立つという考え方である。

資本主義が高度に発展した自由経済社会においては、この「トリクルダウン理論」は妥当せず、富者はますます栄える一方で、貧者はますます貧乏の程度を増すという格差拡大の現象が一般的なのである。今やピケティ（2013）の指摘を待つまでもなく、ほぼすべての資本主義国で所得・資産格差は拡大中である。日本については橘木（2016）参照。

社会主義国家と見なされている中国において、鄧小平（1904-1997）が「先富論」を主張して、まず強者が豊かになれば必ず弱者を助けることになるので、まずは先に豊かになれる者から豊かになって、徐々に弱者が豊かになれる世界が来るとした。この先富論、確かに中国経済は上に立つ産業ないし人々は豊かになったが、必ずしも下にある産業ないし人々は豊かになっておらず、むしろその貧困ぶりが目立っている。今や共産圏の中国は、資本主義国の日本やアメリカ以上の格差社会であることが統計で確かめられている。

「トリクルダウン理論」「先富論」ともに現代の経済では成立しないと判断してよいが、サン＝シモンは18世紀の前半にこれらに似た理論を公表していたのは時代の先駆けとして評価してよい。むしろ筆者がもっと評価するのは、マルクスやエンゲルスが、サン＝シモンが資本主義の行く先は資本家（ないし強者）と労働者（弱者）の対立が深刻になり、格差の拡大を予見したことを賞賛したのであり、ここにサン＝シモンの価値がある。

もう少し具体的に述べれば、労働者、貧者、弱者を放置しておくような社会を好まなかったし、こういう人々を大切に扱うことによってのみ、資本主義社会は発展するのである、とサン＝シモンは考えたのである。別の見方をすれば、プロシャ（後のドイツ帝国）のビスマルク宰相が「アメとムチ」の社会政策を用いて、労働災害、医療などの社会保険制度をつくって、労働者を奈落の底にまで落とさないようにして、その見返りとして一所懸命に働いてもらう政策が、資本主義の隆盛をもたらすとした考えに相通じるところがあるかもしれない。

別の解釈としては、サン＝シモンがとにかく労働者、貧者、弱者といった下層の階級の人々を見放すべきではないと主張したことに対して、マルクス、エンゲルスが好意の情を示したというのもありうる。当時はヨーロッパでは王国、帝国が崩壊のプロセスにあり、自由主義と民主主義がこの旧体制と闘っていたのであり、少なくとも封建社会を排して、平等の意識が高まりつつある中で、サン＝シモンが経営者と労働者をできるだけ同等と見なそうとした点を、マルクスとエンゲルスは評価したのではないだろうか。もとよりマルクスとエンゲルスは労働者優位の社会組織を好んだので、サン＝シモンのような思想はそもそも論理的ではないし、むしろ生ぬるいと判断し、具体的な解決策まで示していないので「空想的社会主義者」と定義したのである。

なぜ「空想的社会主義」という言葉、特に「社会主義」という言葉が用いられたのか、中嶋（2018）にあるので記しておこう。ピエール・ルルー（1797-1871）はサン＝シモンの弟子であった。貴族出身であったサン＝シモンとは異なり、貧困家庭に育ったルルーは名門校であるポリテクニクの入試に合格するも、経済的理由のために入学せずに植字工として働いた。学問に精通していたルルーは、1824年に雑誌『ル・グローブ』を創刊し、サン＝シモン主義の機関誌のようになっていた。

資本主義が進むと、富裕層と貧困層の間、あるいは資本家と労働者の間の格差は拡大し、これが社会を不安定にする要因なので、社会はこれを解決せねばならないとルルーは考えて、「エゴイズム（利己主義）」に対立する概念として「社会主義」という言葉を、サン＝シモンの死後に使用したのである。社会での一体感、あるいは平等感を達成する必要があるとして、そのための政策一般を「社会主義」と命名した。哲学・倫理学の世界では利己主義に対する言葉は利他主義（アルトリズム）なので、今日での使用語とは異なっているのに注意したい。

むしろ有名なのは、もともとはサン＝シモン主義者であって、フランスの大物社会学者であるエミール・デュルケム（Emile Durkheim, 1858-1917）が、彼の１９２８年の『社会主義論』の中で、「個人主義」と対立する主義・概念が「社会主義」なのであり、「資本主義」と相対立する主義・概念ではないとしたのである。

デュルケムによると、個人が実行主体や抵抗勢力になるのか、それともグループなり徒党を組んで多くの人が実行主体や抵抗勢力になるのか、の違いが「社会主義」と「個人主義」の差なのであろう。とはいえ現代では、「社会主義」は「資本主義」とは異なる経済における体制なり主義の違いとして理解されている。最後になったが、デュルケムもエリート校のエコール・ノルマル（高等師範学校）の出身者である。

サン＝シモンとの関係でいえば、もうひとりの社会学者、オーギュスト・コント（Auguste Comte, 1798-1857）がいる。ポリテクニクで勉強した（正式には入学後に放校処分）こともあって、サン＝シモン主義に染まっていて助手まで務めたが、サン＝シモンが晩年期に宗教家のような教祖になっているのに嫌気を覚え、彼と袂を分かったのである。コントはイギリスのハーバート・スペンサーと共に「社会学の祖」と見なされている。

前講で触れたアンファンタン、バザールを筆頭に何人かの支持者、そしてここでコントやデュルケム（サン＝シモンとは生きた年を重ねていない）という大物社会学者を生んでいるので、フランスの知的世界ではサン＝シモンは重鎮のひとりであるとともに、彼の主義は経済の世界のみならず社会主義の世界でも実践家がいたのである。

## 4　シャルル・フーリエ

シャルル・フーリエ（Charles Fourier, 1772-1837）も空想的社会主義者のひとりであるが、哲学者として知られているのであり、彼の社会主義思想は別に経済学の範疇から生まれたものではない。彼の哲学思想の中に社会主義的なものが含まれているので、そう呼ばれているのである。そういう意味では、ケネー、セー、シュヴァリエのような経済学者とは土壌が異なっている。フーリエの人生と哲学思想については石井（2009）から知り得た。

フーリエの代表作は哲学書『四運動の理論』（1808）であるが、この書は正統な哲学の流れからは離れた異端の書との評価がある。この書を論じる前に、フーリエの人生を簡単に振り返っておこう。

フーリエは裕福な商人の子どもとして生まれたが幼児のときに父を亡くし、しかも相続できる遺産も失ったので、リヨンにおける商人というその日暮らしをする身分の不安定な経済生活に入った。したがってどこかで学術的な地位を得て静かに思索にふける身分ではなかったが、執筆などをして65歳までその生活を続けた。この身分不安定な生活が、彼の苦労をして奇抜なものに向かわせたのかわからないが、とにかく異端の人とされたのは事実であった。

フーリエの根本的発想は、ニュートンの「万有引力」のごとく、人間社会でもお互いに引きつけ合う引力が存在し、それを「情念引力」と呼んで、これが人間生活にとって重要なものになるとするものである。わかりやすく誇張すれば、情念引力を引き起こすのは人間の心の中にある愛であり、あるいは慈しみである。必ずしもキリスト教的な慈愛の精神からほとばしり出たものではなく、自然界に存在する万有引力のようなもので、人間における精神の引力に期待したのである。

では『四運動の理論』とは何を意味するかといえば、万有運動として社会的、動物的、有機的、物質的、という4つの部分から成立するとし、それらがどう現実に動いているかをフーリエは説くが、空想的社会主義とは直接結びつかないので、これに関してはこれ以上詳しく言及しない。

むしろ空想的社会主義との関連からすれば、彼のいう情念引力のほうが現実の社会における考え方として有意義である。それを具体的にいえば、社会において情念引力を共有した人々がアソシアシオン（共同体）をつくって共同生活をすればよいと考えたのである。具体的にはフーリエはそれをファランジュ（phalange）と称して、現実の共同体がどのような姿であるかまで書物で記したのである。フーリエは1つの共同体は1620人で建設されるべき、と具体的な人数まで主張しているが、その数字の根拠は不明である。あまりにも現実に結びつかない共同体構想なので、発表当初は笑いものにすらなっていた。

しかしこの共同体で土地、機械、労働などを共有するし、皆が一様に働いて自給自足をする社会なので、資本家という所有者（搾取者）と労働者という雇用者（被搾取者）は存在せず、マルクスやエンゲルスはこの共同体思想を称賛したのである。ただし理想郷のような原始的な発想だし、これでは現実の企業がどのような生産体制を持つのか不明である。当時の資本主義経済の姿とはかけ離れた社会だし、実現可能性も低いので、「空想的」という言葉が献上されたのである。当然のことながら、自分たちの経済思想を「科学的社会主義」と命名した。

ここで石井（2009）によると、イギリスのオーエンとフランスのフーリエによる共同体構想の違いからくる両人の関係が示されているので、それを簡単に述べておこう。オーエンの場合には少なくとも彼の共同体構想を実践に移して実験しているのに対して、フーリエの場合には文書でその構想を述べているだけにすぎず、実践を行っていない。オーエンは現実運動家であり、フーリエは似た発想を文章で述べるだけである。フーリエはオーエンと交渉を持ちたいと希望して接触を試みるが、それが成功せずにいたので、フーリエは自分の理念的な構想がオーエンによって無視されたと思い、オーエンと決別した歴史的な経緯がある。

この2人の関係に関して筆者の感想を述べておこう。オーエンは自分の理想郷を実現したいとして、現実に共同体を自分で創って実験を試みたのは評価してよい。とはいえイギリスでは成功、アメリカでは失敗というように、その成果はいろいろである。一方のフーリエは思索家としていろいろな案を練って共同体構想を提案するが、実践のない空理空論に近いところがあるので、学者の絵空事の域を超えていない。学者としての筆者ではあるが、実験を試みようとしたオーエンの姿に好感が持てる。

実はイギリスではジョン・ロックなどに起源を持つ「経験主義」ないし後の「実証主義」のようにまずは経験、そしてその後に理論という伝統があるのに対して、フランスではデカルトのような「理性主義」ないし「合理主義」が強いので、まずは理論、理念が先立つ感がある。オーエンとフーリエの違いも、イギリス対フランスの哲学・思想の違いと見てよいかもしれない。

# 第5講 クールノー均衡とゲーム理論の先駆け

## 1　はじめに

J-B・セーやカナールによる自由主義的な経済学は均衡の世界を想定していたが、市場に関しては今でいう完全競争の世界を想定していた。完全競争とは、市場には無数の消費者（需要者）と生産者（供給者）がいて、何人も自己の力だけで価格を動かす能力を持ち合わせていないことである。しかしクールノーは市場参加者が単独（すなわち独占）のみならず複数いる世界を想定して、新しい市場での均衡を考えた。この考えは今では経済学の定番になっているし、新しい分析手法（ゲーム理論）の導入を促したので、本講を設けて論じる。ここからの講は現代経済学でも教科書においてよく議論される話題なので、それに関する文献をあまり列挙しない。

## 2　クールノー

クールノー（Antoine Augustin Cournot, 1801-1877）は経済学に本格的な数学を導入した人である。数理経済学の祖はすでに登場したカナールとされるが、数学による叙述は彼の書物『経済学原理』の中ではほんの数ページにすぎず、クールノーのほうが数学分析に頼る割合は高く、クールノーを数理経済学の祖と見なすのがより正確である。

そう述べるもう1つの理由は、クールノーの経済分析は後になってクールノー・ナッシュ均衡と呼ばれるようになる経緯から言えることである。ナッシュなどによるゲーム理論の応用によってクールノー均衡が花咲くのである。ゲーム理論は数学の一分野として確固たる地位を占めているので、クールノーが本格的な数学導入者と見なせるのである。

クールノーの経済分析の成果は現代経済学におけるミクロ経済学として大きな地位を占めているし、とても親しまれた分野である。クールノー以降に現れるワルラスの一般均衡理論、デュピュイなどの公共経済学、デブリューなどの均衡の存在・安定、ピケティの格差論など、世界に冠たるフランス経済学史上の金字塔の先駆けである。ここまで述べてきた以前の思想的・歴史的な分析よりも数学が用いられているので、はるかに書きやすいのである。

クールノー

まずはクールノーの人となりを御崎（2006）に依拠して知っておこう。クールノーはスイスの国境に近い地域で生まれたが、親は農家だったとはいえ、なぜかブルジョワとして育った。1821年にエリート校のエコール・ノルマルに入学し、数学や物理を学んだ。

後に述べるいく人かの経済学者は、若い頃に数学を学んでから経済学の専攻になった人が結構いる（たとえば、フランス人であればデブリュー、ピケティなど）。実はイギリス人ではマーシャル、ケインズがいる。若い頃に数学を勉強したことは経済学の研究に役立つことが多い。現代では一流の経済学者になるには、数学に強いことが条件であるとの声もあるが、一方で経済学は数学に毒されているとして、異論を唱える人もいる。

現にクールノーの本職は数学の教授であって、経済学は副業と見なしてもよいほどであった。しかしセーの『政治経済学概論』を読みながら、経済学の思索も重ね、ついに1838年には主著『富の理論の数学的原理に関する研究（*Recherches sur les Principes Mathématiques de la Théorie des Richesses*）』の出版までこぎつけたのである。当時のフランス経済学界の最高の地位を占めていたセーの経済学、特に需要と供給の関係を本格的に勉強して、それを拡張したものであった。どのような拡張があったかといえば、需要関数の数学的導出、独占・寡占の理論の提唱、クールノー均衡のゲーム理論的解釈の提供（当時はまだゲーム理論という確固たるものは存在していなかった）など、現代経済学ではあたりまえになっている理論を提出していたのである。

ところがクールノーのこの書は出版直後に高い評価を受けず、無視に近い扱いを受けた。クールノーはなぜ無視されたかを考えて、当時は経済学の書物、論文において数学の登場はなかったので、数学を排除すれば関心を持ってくれるかもしれないと期待した。数学抜きで前著を発展させた本も出版したが、それも無視に近い反響であった。当時のフランスではセーの経済学が最も勢力を持っていたので、その壁を崩せず、失意の中でクールノーは76歳で亡くなった。もっともクールノーは確率論の世界でそれなりの業績を挙げ、グルノーブルの大学長を務めたので、世俗的な出世はしていた。

生前の作品が世の中で受け入れられず、死後になってから初めて評価が高まるという事例は、作家、音楽家、画家、学者を問わず多くの場合がある。フランス人に限定すれば『赤と黒』や『パルムの僧院』の19世紀のスタンダール、今では20世紀最高の作家のひとりとされるマルセル・プルースト（『失われた時を求めて』）も死後40年後の１９６０年頃に本格的に脚光を浴びるようになったのであり、死後に評価の高まった人はかなりの例がある。

生前に評価が高かったのか、それとも死後に評価が高まるのか、どちらが好ましいかと問われれば、本人にとっては絶対に前者が望ましいと思われる。研究業績が評価されないという失意の中で世を去るというのは、本人にとっては不幸である。しかし今やクールノーの名前を知らない経済学徒はほとんど存在しないので、名誉は完全に回復しているのであり、たとえ本人はそれを知らなくとも天国で幸福を感じているであろう。

## 3　需要曲線

商品ないしサービスの需要はそれの価格の減少関数である、というのはミクロ経済学の基本であるが、それを定式化したのがクールノーである。当時のフランス経済学の大家であったセーは、現

図 5-1　価格と需要の関係

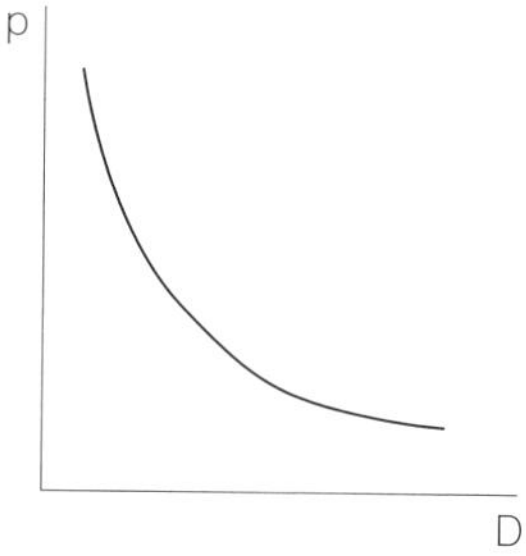


実の経済を観察しながら価格と需要の関係をすでに想定していた。それは図5－1のような関係である。縦軸に価格（p）、横軸に需要ないしは数量（D）をとると、右下がりの曲線となることをセーは観察していた。

クールノーの貢献は、それをD=F(p) というDとpの関係型で表現したことである。そのときの総収入は価格を掛け合わせてpF(p) となるので、総収入が最大になる点があるかを数式で解く術を示したのである。簡単な微分の応用によってそれは導出可能であり、経済学に数学が導入されたことの価値が、微分の応用によって可能になった点に見つけられる。

## 4　独占、寡占

クールノーは、企業や消費者が無数にいるときの市場、すなわち現在の言葉でいう完全競争の場合の分析のみならず、企業（供給者）が1社しかない場合、2社以上のときの分析も行った。それぞれが独占、複占（あるいは寡占）と称される。これらの分析も今ではミクロ経済学の基礎となっており、クールノーの貢献には大なるものがある。

独占市場においては、企業は価格を変化させる能力があるので、供給量の変化によって価格が変化するが、完全競争のときには価格は変動しないので、価格イコール限界費用となる。では独占市場のときにはどうなるかといえば、これも単純な微分による計算：$\pi=R(x)-C(x)$ の最大化で利潤は最大となる。ここで $\pi$ は利潤、$\chi$ は生産量、$R(x)$ は収入関数、$C(x)$ は費用関数である。すなわち両者の限界収入と限界費用がイコールになるとき、企業の利潤は最大となる。これらは経済学の教科書でどこでも示されていることなので、これ以上言及しない。

クールノーの貢献を現代の視点からのゲーム理論として評価すると、企業（供給者）が2社存在する（複占ともいう）ときの分析が、最も明白に理解できる。2社の市場において、相手企業の生産量に対して、自分の企業がどれだけ生産量を増減させたときに利潤が最大になるかを考えた。その増減を反応関数（あるいは曲線）という考え方で分析したのである。この反応は、ゲーム理論では他者の行動に対して自分がどう反応するかを考えることを意味しているので、クールノーの分析はゲーム理論的な解釈をすでに行っていたのである。

図5－2によって反応関数（曲線）を説明すると、企業1と企業2は、それぞれに相手企業の生産量がどのときに、自分の生産量をどう変化させるかを示したのである。この2つ

図 5-2　反応関数

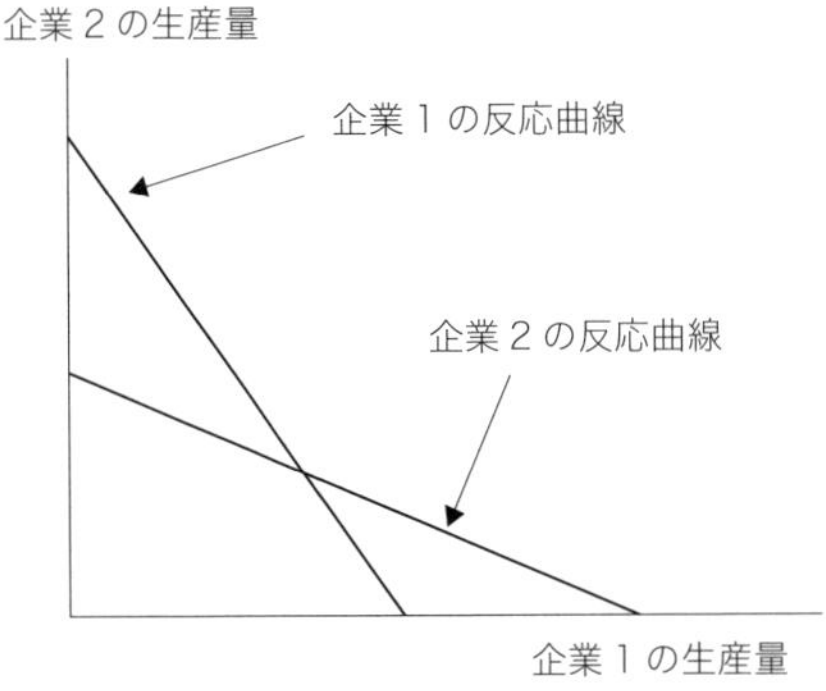

の曲線の交点が、企業1と企業2の生産量を示すことになる。複占における生産量をクールノー均衡と称する。後になってノーベル経済学賞を受けたアメリカ人のジョン・ナッシュはゲーム理論を用いてクールノー均衡を証明したので、クールノー・ナッシュ均衡は非協力ゲームの成果である。

ナッシュについて一言だけ付言しておこう。彼はプリンストン大学でゲーム理論の博士号を取ってから、同大学に教員として勤めた。ほんの数編の論文発表であったが、その業績が後のノーベル経済学賞につながったのである。ところが本人はこのゲーム理論の仕事を「つまらない業績」と述べていたとされ、むしろ純粋数学の仕事に精を出していた。なんとなくクールノーが経済学は自分にとって副業と思っていたのと似ていて興味深い。数学をやりたい人からすると、ゲーム理論の数学や経済学は純粋数学と比較すると二流の価値しかないと思えるのかもしれない。

ナッシュに関するもう1つのエピソードは、30歳頃から彼は精神を病み、大学では教育・研究ができなくなったことである。しかしプリンストン大学は彼の天才ぶりと素晴しい仕事に敬意を払って、雇用を続けたのである。この間のストーリーは映画『A Beautiful Mind』として2001年に描かれている。

## 5　ベルトラン均衡

実はクールノー均衡と対比されるものとして、ベルトラン均衡というものがある。クールノーと同じフランス人なのでここで紹介しておこう。ベルトラン（Joseph Louis François Bertrand, 1822-1900）は数学者であり、クールノーとよく似ていて数学が本業、経済学が副業の人であった。しかしなぜか複占における均衡に興味があって、似たような分析を行った。ただしクールノーのように生産量が変化するのではなく、価格が変動する市場を考慮した点に特色がある。

クールノー・ナッシュ均衡では、ゲーム理論にしたがえば生産量が戦略変数であるが、ベルトラン均衡では価格が戦略変数という考え方を採用したと解釈できる。このベルトランの論文は、クールノーの本と後に出てくるワルラスの研究へのコメントとして執筆されている。出所は"Review of Recherches sur les principles mathématique de la théorie des richesses," *Journal des Savants*, Vol.67, 1883である。

やや横道に逸れるが、ベルトランのコメント論文をわざわざここに記した理由の1つが、言語が英語で書かれている点にある。これまでいろいろな文献を紹介してきたが、ほとんどがフランス語で書かれていたのであるが、ベルトランの論文は珍しくフランスの学術誌でありながら英語である。2つの理由が考えられる。1つには、数学の論文なので英語というのは不思議ではない。2つには、1883年という時代は英仏の全盛期だったので、フランス語の地位はとても高かったのであるが、そろそろアメリカの勢力が強くなった時代でもあるので、英語の汎用性が高まった結果かもしれない。

話題をベルトラン均衡に戻すと、クールノー均衡と比較してどちらが現実の経済を反映しているかを問われると、筆者はベルトラン均衡に軍配を上げたい。なぜならば、時間を考慮すれば、モノの生産には投資や機械・人員の準備・配置などである程度の時間を必要とするし、費用のかかることでもある。一方の価格の変動はほぼ一瞬のうちに達成可能である。そういう意味では、価格を戦略変数とするベルトラン均衡のほうが、生産量を戦略変数にするクールノー均衡よりも現実妥当性が高いと判断できる。

ところで経済分析としてベルトラン均衡とクールノー均衡を比較すると、ベルトラン均衡のほうが複雑な分析を必要とするし、結果の解釈もややこしい。本書は経済分析の書物ではないので、ベルトラン均衡についてはこれ以上言及しない。

## 6 ゲーム理論

クールノーにはゲーム理論の感覚はなく、ただ市場における競争者がどのような反応をするかを考慮しながら均衡問題を考えたのであるが、この発想が後になってゲーム理論の発展の出発点となったのは確実であった。特にクールノーが数学・本業、経済学・副業の人であっただけに、数学的な勘の鋭さが発揮されたのであろう。

ゲーム理論はその後経済学で幅広く応用されるようになり、特に第二次世界大戦後は経済の理論分析のツールとして大いに用いられた。ノーベル経済学賞を何人か生んだし、たとえばナッシュ（アメリカ)、オーマン(イスラエル)、ゼルテン(ドイツ)、シャプレイ(アメリカ)、ロス(アメリカ)、マイヤーソン(アメリカ)など枚挙にいとまがない。意外なことに、ここに本書の関心国であるフランスの人がいない。あえて言えば、後に登場するフランス人としてティロールを含めてよいかもしれない。クールノーの時代にノーベル経済学賞があれば彼は受賞していたかもしれない。

ゲーム理論の本格的な発展はハンガリー生まれで、20世紀最大の数学者のひとりであるフォン・ノイマン(1903-1957)によってなされた。たとえばミニマックス定理(想定される最大の不利益を最小にする案)が生み出されている。ドイツ人の経済学者モルゲンシュテルン(1902-1977)と共著で『ゲーム理論と経済行動(*Theory of Games and Economic Behavior*)』(1944)を出版して、経済学におけるゲーム理論の発展の出発点となった。

ここで数学を用いずに、ごく簡単にゲーム理論を述べておこう。ゲーム理論とは、複数のプレーヤー(市場参加者)がいて、他のプレーヤーの行動を観察しながら、自己の行動を決定するに際して最適な行動を求める戦略のことである。クールノーはプレーヤーとして企業1と企業2が存在する複占市場において、相手の企業の行動を見ながら自分の行動を決める戦略を考えたので、まさにゲーム理論的な発想なのである。

ゲーム理論には2種の戦略がある。1つは非協力ゲームと称されるもので、企業1と企業2はお互いに相手とは交渉せずに自分の行動を考える。もう1つの協力ゲームは、お互いが交渉・合意(しかも拘束力がある)の下で自分の行動を決定するのである。クールノーの考えたモデルは非協力ゲームの応用であった。

1つの重要な概念は、すべてのプレーヤーがゲームを行う際のルールを全部知っているときを情報完備ゲーム、ルールの知識を共有していないときを情報不完備ゲームと称して、解が異なることは明らかになっている。これらの問題は数学的に複雑なのでこれ以上詳しく述べない。

しかし経済学ではこの情報の問題は重要なので、直観としてわかりやすい例を、必然的にゲーム理論の枠外になるが述べておこう。それは「情報の非対称性」と称されるもので、「レモンマーケット（中古車市場）」を述べておこう。中古車の持ち主は自分の中古として売りたい車の良い点・悪い点をよく知っているが、中古車の買い手はそれをほとんど知ることができない。そうすると売り手のほうが情報で有利なので、売り値を有利に運べるし、買い手は大きなリスクを負うことになる。

「情報の非対称性」は医者と患者の間でも存在する。医者は病気の発生原因、診療や投薬の方法などをよく知っているが、患者はそれにほとんど無知なのであり、医者は圧倒的に情報に関して優位にあるので、患者は医者の言うとおりに従わざるをえない。この2つの例でわかるように、情報の問題はゲーム理論の中で大きなウエイトを占めるのである。

ゲーム理論に話題を戻すと、有名な「囚人のディレンマ」というのがある。これはお互いに協力するほうが協力しないよりも得になることがわかっていても、どちらかが抜け駆けをすれば（すなわち協力しないとか、合意を破棄すれば）一方的に得になるので、相手も同じことを考える。そうすると結局はお互いに協力しない姿での結着となる。これは非協力のゲームの解となるが、その後の発展で「繰り返しゲーム」という考えが導入されて、解決の道は示されたが、専門的すぎるのでこれ以上言及しない。

第6講

# 一般均衡論者ワルラスの輝き

## 1　はじめに

J-B・セーの需要・供給の均衡理論、クールノーの寡占理論のゲーム理論的な考察を経て、フランス経済学界はワルラスという一般均衡理論の大成者を生んだ。かのオーストリア出身でハーバード大学の経済学者シュンペーターは、ワルラスを経済学史上の最大の貢献者と評したほどである。彼の著書『経済分析の歴史』の中で、そう賞賛した。この金字塔を詳しく検討してみたい。

## 2　ワルラスの人となり

レオン・ワルラス（Léon Walras, 1834-1910）はフランスではワルラと発音される。筆者がフランスに行く前では、彼のことをワルラスと発音していたので、ワルラという名前をフランスに行ってから初めて聞いたときには、誰のことかわからなかった。フランス語では単語の最後尾にくる子音（この場合はS）を発音しないのが一般的であるが、英語は発音するのである。今ではワルラよりもワルラスのほうが世界で通用するので、本書でもそれを使用する。ワルラスの人となりについては御崎（2006）を参照した。

レオンの父オーギュスト（Auguste）は経済学者であったが、世には知られない人であった。息子レオンに期待して、父は経済学を個人的に息子に教えたのであり、それが大成功し後になって大経済学者になるのであった。同じ例はイギリスにもある。かの「ケインズ革命」と称されたほどのマクロ経済学の大物、J・M・ケインズ（John Maynard Keynes, 1883-1946）の父ジョン・ネヴィルも経済学者であった。もっとも息子ジョンは家庭教育というよりも、ケンブリッジ大学で学校教育を受けた人である。この2つの例とも、父親よりも息子が経済学者として後世まで名前が残るほどの偉大さがあったという共通点がある。

レオン・ワルラス

レオン・ワルラスは名門ポリテクニクの入試に失敗し、失意の下にもう1つのグランゼコールであるエコール・ド・ミーヌ（鉱山学校）に入学するが、あまり理論を教えず実学志向の強い学校を嫌い、中途退学してしまう。やや不思議なのは、20世紀に入るとエコール・ド・ミーヌはポリテクニク卒業生のうち優秀な学生が入学する学校になっていた。たとえば、ノーベル経済学賞を受けたモーリス・アレ（1911-2010）、日産自動車の社長だったカルロス・ゴーン（1945-　）はポリテクニクとエコール・ド・ミーヌの卒業というエリートである。

学校を中退してからはいろいろな職業を経験するという不安定な生活を送った。とはいえ父オーギュストの勧めもあって自分で経済学を勉強して、書物や論文を出版した。無政府主義者のプルードン批判などをしてからは、目ぼしい仕事としては後に述べる「限界効用理論による需要の理論」であり、これで学界からの注目を浴びた。

それからは消費財の交換理論、生産の理論、資本形成の理論、流通および貨幣の理論など、後の大作である『純粋経済学要論（*Eléments d'Économie Politique Pure*）』（第1分冊を1870年、以降第2分冊を続け、最終出版は1888年）の基礎となる仕事をするのであった。ワルラスの功績については、W・ジャッフェの評価に定評がある。ウォーカー（1983）参照のこと。ついでながら森嶋通夫による評価もある（Morishima 1977）。

ワルラスの基本的発想はセーの自由主義的な経済思想を受け入れながらも、後に述べるようにワルラスの自由主義はそう単純ではなく、たとえば土地の国有を主張するといった社会主義の思想も入っていたので複雑である。ただし、土地以外の資本と労働、そして財の取引は自由に行う経済を想定しているので、この意味では正統派である。資本主義経済の下で価格を媒介にして、需要と供給を中心にした経済がどう動くかを解明したのである。ワルラスが一般均衡理論の大成者と呼ばれる理由にもなっている。

ワルラスの人生に戻すと、経済学の正統派で権威の象徴であるコレージュ・ド・フランスの教授であったセー、シュヴァリエ、ボーリュー（Beaulieu）などと比較すれば、傍流の地位にいたのがワルラスであった。つまり正統派経済学者の権威である一派がフランスの経済学教授の地位を独占していたので、ワルラスには正規の地位がローザンヌで職を得る1870年までは与えられなかった。とはいえそれまでは当時のフランスの学術誌である*Journal des Economistes*などには投稿したり、編集の作業をしていた。

もっとも正統派の学術誌である*Journal*とは別の新しい学術誌*Revue d'économie politique*が1887年に公刊されると、この雑誌にワルラスは自己の論文を投稿するようになった。しかしワルラスの論調は土地の国有化を何度も主張する社会主義者と見なされたし、彼の経済学は数学を駆使するので、伝統的な自由主義的経済学者で非数理経済学を好む人々からはほとんど無視されたのである。

ところが救いの神はいる。ワルラスの『純粋経済学要論』がスイス、イタリア、アメリカなどの外国で評価されるようになったのである。1870年にスイス、ローザンヌのアカデミー（後のローザンヌ大学）の教授に招聘され、引退するまでその職にあった。ワルラスの後継者としてイタリア人の社会・経済学者のヴィルフレド・パレートが就任し、ワルラスとパレートは一般均衡理論に基礎を置いた厚生経済学の聖地となったので、後にローザンヌ学派と呼ばれるようになった。

余談ではあるが、スイスのローザンヌはフランス語圏なので、ワルラスとパレートの経済学はフランス経済学史上の流れにあると理解してよい。当時の本国フランスと比較すれば、ローザンヌ学派のほうが現代の視点で評価すれば正統派経済学であるともいえる。本国では非数理的な自由主義経済学が中心だったので、当時では主流の正統派であったが、現代で評価すれば本流から逸れていたとも解釈できる。

## 3　限界革命

レオン・ワルラスはイギリスのスタンレー・ジェヴォンズ、オーストリアのカール・メンガーとともに、経済学における消費理論の限界革命を開発した3名としてよく知られている。この3名は、人々の効用は消費量の関数であるということを想定して、消費量が増加すると人々の効用は減少するという、今でいう定理（限界効用逓減の法則）をほぼ同時期に主張していたのである。効用を$V$、各消費財を$x_i$ $(i=1,\cdots,n)$ とすれば効用関数は、$V=V(x_i)$ と書けて、この法則は $\frac{\partial V}{\partial x_i}>0$ $\frac{\partial^2 V}{\partial x_i^2}<0$ というのが定式である。

この3名のうち誰が最初にこの法則を言い始め、そして数学での定式化を言い出したかはここでは関心を示さない。むしろこの「限界効用逓減の法則」が現代のミクロ価格理論の出発点となっていることを強調しておきたい。そしてワルラスの貢献はこの考え方を拡大して、数学的に需要関数を導出した点にある。そのことをここで述べておこう。

消費者が効用を最大化するのは、自己の予算制約式（すなわち自己の所得 $y$を各財の消費に振り分ける：$y=\Sigma P_i x_i$）の下で効用 $V$ を最大化するのである。現代であればそれは制約条件付き最大化問題として、ラグランジュ乗数法として解けるのである。ここではそれを数学的に記述せず、結論としての「限界効用均等の法則」だけを述べておこう。それは各人の各消費（商品）から得られる限界効用とその価格の比率がすべての財に関して等しい、というものである。この定理は消費者が商品を他人と交換する場合についても同じことが言える。

やや後日談になるが、この「限界効用逓減の法則」と「限界効用均等の法則」は、ドイツの経済学者ゴッセン（1810-1858）が１８５４年に彼の『人間交易論』の中ですでに発表していたという事実が後になって発見された。今日では、前者は「ゴッセンの第1法則」、後者は「ゴッセンの第2法則」と呼ばれている。学問は誰が最初に発見・発明したかの争いでもあることが、限界革命をめぐっても知ることができる。

## 4　一般均衡の世界

消費者の効用最大という定式化によって商品の需要関数を導出したワルラスは、生産の場においても利潤最大化の論理を応用して、企業が土地、労働、資本という生産要素をどれだけ雇用して生産を行うかを考えた。そのときには、土地の価格が地代として、労働の価格が賃金として、資本の価格が利子率として、商品消費の場合の価格と同じような役割を演じるのであった。それらを要素価格とも称する。そのときに土地、労働、資本を供給する地主、労働者、資本家がどれだけそれらを供給するかも、地代、賃金、利子率を価格として理解しながら、最適化を行っていたのである。

企業は生産要素市場（土地市場、労働市場、資本市場）を媒介の場としてそれぞれの要素をどれだけ需要するかを決め、生産を行ってからそれらの商品を消費者にどれだけ供給するかの決定を、生産物市場を媒介して行っているのである。こうしてワルラスの考えた市場は、生産要素市場と生産物市場が存在し、消費者も生産者も無限に近いほど多くの市場参加者がいる市場を考えた。何人も生産物や生産要素の価格を自己の力で変更できない世界を考えているし、市場参加者は自由に行動できる世界を想定したのである。それらを「完全競争の市場あるいは世界」と定義することが一般的となった。

これらの2つの市場において需要と供給の一致することを、市場が均衡していると考えたのである。個々の生産要素（土地、労働、資本）の需給均等と、個々の生産物（商品）の需給均等が成立していることが条件となっている。なぜ「一般」という言葉が用いられたかは、各生産物と各生産要素など多数の生産物と多数の生産要素のすべてが、市場で需給一致しているのを想定するからである。

もし、一財か二財だけの生産物、あるいは生産要素しかない市場であれば、あるいは他の生産物ないし生産要素の影響力を無視して一財か二財だけに注目すると、「部分均衡」という言葉が用いられる。「部分均衡」はイギリス人の経済学者であるアルフレッド・マーシャル（1842-1924）が好んで分析したのであり、フランス人のワルラス「一般均衡」との対比が興味深い。

なぜフランスとイギリスの間で「一般均衡」と「部分均衡」の違いが出たのか、私説を披露してみよう。フランスでは全体がうまく機能するような世界を好むので、庭園を例にすれば、幾何学模様の全体が整然とした植木の並びを美しいと見なす。左右対称の庭園が多く、植木を徹底的に管理する。一方のイギリスでは全体の整然の美しさよりも、一部の植木が自然に育っている姿を好ましいと考えるので、全体美に注目した幾何学模様の庭園は存在しない。良くも悪くも植木の自然な発育に任せている。国民性の違いに注目したやや偏狭な解釈かもしれないが、英仏の庭園模様の違いに立脚して一般均衡と部分均衡の違いに関して私見を述べてみた。

数学に関心の強かったワルラスは一般均衡の体系を示すために、生産要素の数が $n$ 個、生産物の種類が $m$ 種ある世界を考えて、連立方程式体系の均衡式を独立した（$2m+2n-1$）個で表現することができることを示した。均衡数量と均衡価格という未知数の数も（$2m+2n-1$）になるので、方程式の数と未知数の数が一致することになり、連立方程式が解けてすべての財の価格と数量が決定するのである。なぜこの式の最後にマイナス1があるかは、ワルラス法（経済全体の均衡式）があるので、独立でないからである。

実際にこの連立方程式を解いた経済学者はいるのだろうか。まずは現実の経済において、$m$ と $n$ の数が具体的に何個であるかを決定せねばならない。$n$ の数は、資本、土地、労働の3つなのでそう問題はないが、生産物の種類は無数なので、連立方程式を具体的に定式化するのは容易ではない。

ワルラスの時代では、（$2m+2n-1$）個の連立方程式体系があって、頭の中でその方程式が解ける、ということだけで満足していたのである。具体的に数値計算によって連立方程式を解くという試みは当時はなかった。しかし後の時代になってケインズ流のマクロ経済学が有力になると、生産財を少数にして（たとえば資本財と消費財、貿易財と非貿易財の合計の財）生産要素を労働と資本に限定し、新しく政府部門を考慮してワルラス流の一般均衡を考えるモデルが登場するようになった。それらの連立方程式を解く試みは多くなされた。この研究動向は専門的すぎるのでこれ以上言及しないが、ワルラス流の一般均衡の概念は、経済学の歴史上ではごく定番の考え方になったのは確実である。

## 5　模索過程

均衡という言葉は、従来は物理学で釣り合いがとれている状態という意味で用いられる概念である。経済学はそれを応用しようとしたのである。需要と供給の釣り合いがとれていることが市場の均衡の目的であり条件でもあるので、それが満たされていれば均衡状態にあると見なすのである。

ところでワルラスの一般均衡理論では、需要と供給が一致しないときには、すなわち超過需要や超過供給があるときに需給を一致させるには、財の価格が自然と上下することによって達成されると考えた。それに対して、マーシャルの部分均衡理論では価格が上下するのではなく、財の量そのものが変化して調整すると考えるのである。換言すれば、ワルラスでは需給を一致させるような調整機能を働かせるのは財の価格であると判断するのに対して、マーシャルではそれは財の数量変化であると見なしたのである。

なぜワルラスは価格で調整し、マーシャルでは財の数量調整を考えたのか、私見によるフランス庭園とイギリス庭園の違いというような説明は思い付かない。

ところが前講でクールノー均衡とベルトラン均衡を解説したとき、クールノーは生産量を戦略変数（すなわち調整可能な変数）と考え、ベルトランは価格を戦略変数と見なしたと述べた。一般均衡理論のワルラスは価格を調整機能と見なした。同じフランス人のクールノーとベルトランで戦略変数の想定が異なるのであり、フランスとイギリスの文化の違いだけでは説明できない何かがありそうだ。

ではワルラスは価格の調整機能をどう考えたのであろうか。1つの市場において競りを考える。競売人がある価格を市場の売り手と買い手に叫んで、もしその価格で需給が一致しないのなら、競売人は価格を上げたり下げたりする叫びを続ける。もし需要が供給より大きければ価格の上げを叫び、逆に供給が需要を上まわるときには価格の下げを叫ぶ。需給の一致するまでその過程を繰り返し、一致すれば均衡が達成されるのである。これをワルラスはパリの証券取引所からヒントを得て「模索過程（tâtonnement）」と称した。わかりやすくするためには、今日の「魚市場」における競りを考えれば理解できるであろう。

この「模索過程」の意味するところは、経済学の基本的な思想を提供している点と理解してほしい。すなわち、需要と供給が一致しないときには、価格が上下することによって需給の一致する力が市場には必ずある、という命題である。ワルラスは競りにおける競売人を考えて、その人が価格の上下を叫び続けると考えたが、現実にすべての財や生産要素別の市場に競売人が存在すると考えることは不自然なので、ここは別に競売人が存在しなくとも、価格が需給不一致に応じて市場での圧力から自然と上下すると考えてよいのである。

## 6　均衡の存在と安定

次は均衡の存在と安定である。ワルラスの時代では、方程式の数と未知数の数が一致するということだけで、連立方程式の解は存在すると考えた。しかし解の存在を保証する条件はわかっておらず、特に後の経済学者が問題にしたのは、価格は常に負ではない（すなわちゼロを容認した非負）であらねばならない条件であった。価格が負ということは取引が成立しないからであり、ゼロというのは取引がタダで自由に行われることを意味するので、別に問題はない。

この非負の価格が存在する条件をワルラス流の一般均衡の世界で探究する試みが、第二次世界大戦前後に関心が持たれた。フランス人であればジェラール・デブリュー（Gerard Debreu, 1921-2004）、アメリカ人であればケネス・アロー（Kenneth Arrow, 1921-2017）などの数理経済学者であった。高級数学を使う証明方法であり、不動点定理という難しい数学を使って、均衡解の存在が証明されたのである。この2人の論文は、1954年に"Existence of an equilibrium for a competitive economy"として *Econometrica* という学術誌に掲載され、解の存在が確実になったのである。

ここで日本人の経済学者が悲しい現実を味わったことを付言しておこう。二階堂副包（1923-2001）という人（大阪大や一橋大の教授であった）がほぼ同時期にアローやデブリューとは独立に、同じ均衡解存在の証明に成功していたのである。二階堂は一歩遅れて *Econometrica* に投稿したが、すでにアローとデブリューによる2人の論文が同誌に掲載されていたので断られ、*Metroeconomica* というイタリアの有名でない学術誌に掲載されたのである。

アローとデブリューは後になってノーベル経済学賞を受けたほど著名な経済学者になったが、二階堂はノーベル賞まで到達しなかった。後になって世界の経済学界は、アロー・デブリューと二階堂はほぼ同時期に独立に同じ成果を得ていたと承認することになり、二階堂の名誉はかなり回復した。しかし、どちらが先に新しい発見・発明をするかは学者の世界で重要であるとの残酷な現実は、この二階堂の例からも知ることができる。

均衡解の存在が証明されてからの次の関心は、市場が安定か不安定かの問題に移った。どういうことかというと、一度均衡が達成されたとして価格が決定しても、何かの原因でショック（あるいは攪乱）が発生して価格や数量が変動したとき、市場は元の均衡に戻るか（安定と称する）それとも発散してしまうか（不安定と称する）の関心である。

この問題も第二次世界大戦後の数学に強い経済学者の関心を呼び、精力的に研究がなされた。イギリス人のJ・R・ヒックス（John Richard Hicks, 1904-1989）、アメリカ人のP・A・サミュエルソン（Paul Anthony Samuelson, 1915-2009）を先頭にし、日本人の経済学者（たとえば森嶋通夫、宇沢弘文、根岸隆など）の貢献もあって、市場均衡の安定・不安定問題は証明されて解決したのである。この分野も高等数学を用いるのでここではこれ以上言及しない。

なお、日本人の貢献については、先に登場した二階堂副包を含めて橋木（2019b）に詳しい。これらの日本人経済学者は日本人として初めて優れた分析をした人として世界に名を知らしめたのである。世界で名を知られるためには英語で著書・論文を発表せねばならず、日本人には不利があったが、数学を大いに用いる著書・論文は日本人にとってまだ書きやすいメリットも手伝って、日本の数理経済学者は世界の中で高い評価を受けるようになったのである。

## 7　ワルラスは社会主義者か

ワルラスはセーの伝統を引き継いで、自由主義的な価格市場を想定し、数学を駆使して彼の一般均衡理論を提出した。すなわち無数の消費者と生産者（企業）の存在する市場において、消費者は自己の効用を最大にするように生産要素の提供と生産品の購入を決定するし、企業は生産要素を需要して生産に励みその生産品を消費者に売る行動をするが、そのときの行動原理は利潤最大化である。個々の生産要素市場と生産品市場は需要と供給が一致しているという均衡条件が必要であった。

このようなワルラス的一般均衡の世界においては、消費者と企業の行動は自由に振る舞うことが前提とされるので、ワルラスは財産の私的所有権と、市場における自由放任の経済を理想にしていると想定していたと見なして不都合はない。現にセーやシュヴァリエで代表されるフランスの正統派経済学者は、自由経済の思想の信奉者であった。ワルラスの『純粋経済学要論』も一見するとそのような経済思想の流れの中にいる著書と見なしてよい。

ところが、である。御崎（2006）が指摘するように、純粋理論経済学上での仕事ではなく、経済政策上の仕事となると、ワルラスは企業が無数に存在する自由経済の世界ではなく、政府が生産活動を行うのが望ましいこともあると主張したのである。その例は、スイスの鉄道業をめぐって、正統派の代表者のひとりであるシュヴァリエが、私企業による鉄道の建設・経営を主張したのに対して、ワルラスは「国家と鉄道」という論文を書いて、国家あるいは政府がそれを行うべきと主張したのである。

言わば国家による生産手段の独占を容認したのがワルラスなのである。鉄道業をはじめ道路、橋、電力、ガス、水道といった産業は公共財的産業の特色を有しているので、普通の財とは異なる性質がある。国家が独占して生産して国民に提供する方式には理論的な根拠があるので、ワルラスにも一理はあったと判断してよい。これについては次講で詳しく論じる。

しかしワルラスのいた当時のフランスにおいては、民間企業が自由競争を旗印にして活動するのが理想との思想が強かったので、彼の主張は受け入れられなかった。

もっとワルラスが異端視された根拠は、彼の主張する土地の国家保有論であった。この思想は父オーギュストの考えを受け継いだもので、汗を流す勤労をしない土地保有者はそれだけで地代を得る行為者であり、経済的に貢献していない見返りが土地であると見なし、国家が所有するのが合理的と主張したのである。後になってロシアや中国の社会主義国では土地を国家が所有するようになったのであり、ワルラスの主張は先を見越した社会主義的なものだったのである。しかし当時はマルクス主義の台頭の時代でもあり、資本主義経済の信奉者たる論者や経済学者からは嫌われたし、無視もされたのである。その帰結の1つが、本国フランスでは経済学者としての働き場所は得られず、隣国スイスのローザンヌでようやくその地位を得たのである。

## 8　パレート

ワルラスを語るなら、ヴィルフレド・パレート（Vilfredo Pareto, 1848-1923）を論じないわけにはいかない。パレートはイタリア人なので、「フランス経済学史」という書物にはふさわしくないかもしれない。

とはいえ、この書物に入れてもよい有力な理由がいくつかある。第1に、パレートはフランス人の母とイタリア人の父の間の子どもであって、彼はパリ生まれである。しかし国籍はイタリア人なので、たとえ出生地がフランスであっても、この説はそう有力ではない。

第2に、彼の経済学の著作（*Cour d'Économie Politique*, 1896）はフランス語で書かれた書物なので、立派にフランス経済学史の中に入れてもよい、と判断できる。これは少し屁理屈かもしれないが、スイスのローザンヌの言語はフランス語である。

第3に、ワルラスはフランスでのポジションが得られずにスイスのローザンヌ大学の教授になったと述べたが、パレートはスイスのローザンヌ大学においてワルラスの後継者となった人である。経済学ではワルラス・パレートはローザンヌ学派と称されるので、パレートをここで述べるのには一理ある。ちなみに、ワルラスをスイス人という人はほとんどない。フランス人との理解である。

パレートの人となりを少し述べておこう。若い頃はイタリアで数学、物理、工学などを学んで鉄道会社に勤務したが、政治に口を出したのでイタリアに居づらくなり、ローザンヌに逃亡した人である。そこで経済学を勉強し、ワルラスとも懇意になり、結局はワルラスの後を継いでローザンヌ大学の経済学教授となった。

パレートの最大の貢献はなんといっても、ワルラスの一般均衡理論を拡充させて、「パレート最適」と今では呼ばれる考えを提案したことにある。その骨子はすでに紹介した彼のフランス語の書物で書かれている。この原本を見ると、消費の理論が詳しく書かれている。人々が持っている資源を交換(あるいは購入)するとき、他人の効用を損なうことなく、自分の効用を最大にすれば、資源は最も有効に使われている、ということを証明したのである。この状態は「パレート効率性」とも呼ばれる。

このパレート最適は生産の理論にも適用できるが、消費の理論により関心が強かった。たとえば2人の消費者の世界では、無差別曲線の接点が「パレート最適」であり、その接点の軌跡のカーブは「エッジワース曲線」とも呼ばれる。ところが現実の経済においては無数の「パレート最適」が存在するので、どの均衡が望ましいかまでは決定できなかった。換言すれば、消費者の所得分配のことまで決められないので、後の経済学者が厚生経済学という分野を開発して、分配をも考慮した「パレート最適」の分析が行われるようになった。これらの分析は厚生経済学と称されているが、イギリスのヒックスやカルドア（ハンガリー生まれ）、アメリカのサミュエルソンなどの英米人の仕事となったので、ここでこの話題をとどめる。

図 6-1　パレート曲線

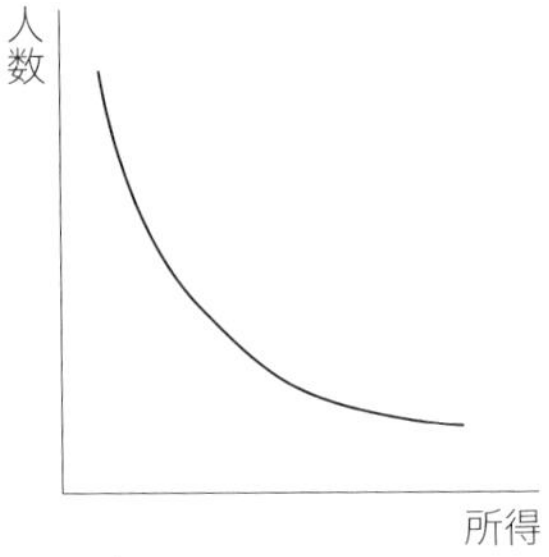


むしろパレートは「パレート最適」以外にもいろいろな貢献をしているので、それを述べておこう。第1に、まずは「パレート曲線」ないし「パレート図」と称される分野である。所得分配を考えればわかりやすいが、所得の低い人が多くいて、所得が高くなるにつれてその人数は減少するというのが普通である。それを図式化すると図6−1のようになる。この右下がりの曲線を「パレート曲線」と称するが、彼はこの曲線を統計を用いた実証で得たので、彼は統計学でもその名を知られている。

第2に、晩年のパレートは社会学に興味を抱き、社会学上でいくつか現代でも取り上げられる話題を提供した。代表的には「エリート論」であり、社会には指導者としてのエリートはどのような人、あるいは職業であるかを分析したことで有名である。これはもう経済学ではないので、これ以上言及しない。

第3に、筆者が関心を持ったことは、北川隆吉らの訳による『社会学大綱』(1987)に記されている、経済学と社会学の違いをパレートが説明している点である。

パレートが、経済学は論理で分析できるが、社会学は非論理で説明できる、としている点である。換言すれば、人々の経済行為は論理で説明できるが、非論理で説明できる行為は社会学の分析対象である、と言っているように思える。換言すれば、経済学は数学という定量的な考察をすることができるが、社会学は非定量的というか、定性的な考察をする学問と言えようか。

## 9 ワルラスの総合評価

何度も述べるが、シュンペーター(1954)は、ワルラスを経済学史から評価すると最高の経済学者であるとした。経済学の理論上からすると、一般均衡理論を数学を用いて定式化に成功した。

一般均衡理論の最大の収穫は、生産要素の保有者(同時にその人は財の消費者でもある)と生産者が、生産要素の価格と財の価格を媒介にして、消費者が効用を、そして生産者(企業)が利潤の最大化を、市場への参加を通じて成就しているということに注目したのである。そしてその成果が、資源の最適配分という状態が得られるとした点にある。

すなわち、市場(これは財市場と生産要素市場の両方において)が完全競争の状態にあれば、すべての財と生産要素の需要と供給が一致するように、それぞれが1つの価格しかもたないということが保証される。これを「一物一価の法則」と呼ぶこともある。

しかも生産要素の保有者（同時に財の消費者でもある）と生産者の効用と利潤が最大化されているので、経済は最適の状態にあると判断できる。それぞれの人と生産者が自分の持っている資源を最適に利用していると見なせるので、それらの市場行動の成果を総合計した一国全体としても、資源が最も効率的に配分されている。

このことを、すでに述べたようにワルラスのローザンヌでの後継者で、イタリア人であるパレートは、市場が完全競争にあれば価格の調整機構を通じて、経済は最適資源配分の状況を成就するとした。これを「パレート最適」と新古典派の経済学では称している。

ここで完全競争とは、財の数、生産要素保有者（すなわち消費者）、生産者が無数に存在している市場を想定し、だれも独占力を行使して財の価格や生産要素の価格を自己の力だけでは動かすことができない世界にあること、財の価格などは需給の逼迫度に応じて、それらが自由に変動することが条件になる。すなわち価格の硬直化は存在しないのである。そして、価格や財の情報をすべての市場参加者が平等に知ることができると考えるのが完全競争の世界である。

これら完全競争を保証させるための条件が、現実の経済では満たされていないことは多くの人が知ることである。しかし、たとえ非現実的とはいえ、もし完全競争の世界が達成されたのなら、経済は「パレート最適」という望ましい状態にあることができるとワルラスやパレートは主張したのであり、新古典派経済学は1つの大きな到達点に至ったのである。

しかし、ワルラス・パレート流の一般均衡理論による資源の最適配分がなされたという新古典派経済学の1つの到達点は、所得分配がどういう状況にあるかについては、何も主張できなかった。市場に任せていれば経済は最適な資源配分を達成できるが、高所得者や低所得者が出現するかもしれない状況までには考察が及ばなかった。所得分配のことまで考慮した一般均衡理論は、パレートのところで述べたように、新しい厚生経済学の登場を待たねばならなかった。

第7講

# エンジニア・エコノミスト

## 1　はじめに

フランスには他国にあまり存在しない、エンジニア・エコノミストという一群が存在する。200年以上も前から存在しており、工業の仕事をする専門家が経済学的な分析にも従事して、優れた経済学上に残る研究成果を出してきたのである。1つの理由として、ナポレオン以来エリートの理工科学校が設立されて今日に至っており、優れたエンジニア・エコノミストを輩出してきた。一部には今日においても重要な経済学上の定理・定説となっている学説を生んできた。本講ではこれらの人を、200年以上の長い期間にわたって取り上げ、その業績を紹介する。

## 2　エンジニア・エコノミストとは

フランスではエンジニア・エコノミストと呼ばれる経済学者の集団が存在する。一言で述べれば、エンジニアの仕事をしながら経済学の分野で著書・論文を書く人である。土木技術者、電気技術者、鉱山技術者、交通技術者、今では原子力技術者などいろいろな分野でエンジニアの仕事が本業ながら、副業として経済学も研究する人である。中にはエンジニアの仕事を半分以上放棄して、経済学を本業にする人もいる。

なぜフランスにエンジニア・エコノミストが多いかといえば、フランスではエンジニアの養成がエリート校でなされる伝統のあることが一因となっている。後に述べるエコール・ポリテクニク（École Polytechnique）、エコール・サントラル、土木学校、鉱山学校、電気学校など各種の学校があり、そういう学校は大学とは異なってグランゼコールと呼ばれて、困難な入学試験をパスする必要がある。入学する学生の学力は一般に高い。こうした優秀な学生・卒業生が副業として経済学を学んで研究すれば、経済学徒としても優れた研究成果を出す土壌があるということになる。

もう1つの理由は、グランゼコールの卒業生は政府や公共事業団で働く人が多いという伝統が影響している。たとえばすぐに登場するジュール・デュピュイ（Jules Dupuit, 1804-1866）は、ポリテクニクの卒業後にエコール・ナショナル・デ・ポン・ゼ・ショセという土木学校で学んだ。そして土木公団のエンジニアとして働くようになり、道路、橋、上下水道、洪水対策などの工学の仕事に就いた。デュピュイはこれらの仕事に携わりながら、半分は必要に迫られて経済学を勉強し、土木の分野で経済学の研究をしてその成果を著書・論文で発表するようになったのである。

## 3　エコール・ポリテクニク

まずはエンジニア・エコノミストを輩出する学校のことを知っておこう。ポリテクニクの創立年は1794年とされている。この学校については橘木（2015b）に詳しい。1789年のフランス

完成当時のエッフェル塔（1889年）

革命後の共和政治の頃の創立であり、交通網の整備にあたる土木工事に従事する人の養成を目的とした。当時は公立工事中央学校と称されていたが、皇帝のナポレオン・ボナパルトの登場により、この学校を軍事力と工学に強い学校にすべく、軍隊の学校として再興したのである。

今も7月14日の革命記念日には、パリのシャンゼリゼ大通りをポリテクニクの学生が兵服に近い黒い制服を着て、先頭に立ってパレードしている。この学校が国防省の学校であり、エリート集団であるから先頭をパレードするのである。ナポレオンの当時は軍事技術者の養成が中心であったが、その後は各種の技術者や役人の養成校、理工系の超エリート学校となっていった。なお、1889年のパリ万博にあわせて完成したエッフェル塔も、フランス工業界の成功のシンボルであった。

昔からポリテクニクの入学試験は難しいので有名であった。すでに登場したワルラスもこの学校の入試には失敗したのである。現代の入試制度を簡単に述べておこう。リセ（高等学校）を卒業するときにバカロレア（高等学校卒業資格試験）を受けて合格すると大学に進学できる（ただし医学部を除く）が、グランゼコールに入学するにはリセの上に設置された2年間の準備学校でさらに高校以上の上級水準の勉強をする。この学校は予備校みたいなものであるが、れっきとした公立の学校で公式な教育機関である。

ポリテクニクは独自の試験問題を課して、入学者を選抜している。理工系の学校なので当然のことながら、数学、理科に強い学生が入学してくる。将来はエンジニア、官僚、学者になる人の養成を行っているが、エンジニアが多いので、後に企業の経営者になる人をかなりの数で輩出している。なおポリテクニクを卒業後は他のグランゼコール（たとえば、鉱山学校、化学学校、土木学校、宇宙航空学校など）に進学して、応用分野の専門知識を深める学生が多い。ポリテクニクで、理工系の数学、物理、化学などの基礎知識を学び、別の学校で応用技術を学ぶと見なしてよい。

ポリテクニクで興味深いのは、理工系の科目を学ぶのが当然のごとく中心であるが、数学や物理のような最重要科目ではないものの、経済学がかなりの重要度でもって教えられていることに注目したい。このことがフランス人の経済学者として数理経済学に強い人が多いことの1つの理由になっている。さらに経済学を学んでいると、土木、電気、化学、生物、機械などの応用分野との関係で、経済学を応用した工学分析をやりたい人が出てくる土壌のあることも頷けるのである。

フランス人のノーベル経済学賞受賞者4名のうち、モーリス・アレとジャン・ティロールの2名はポリテクニシャン（ポリテクニクの卒業生をそう呼ぶ）である。この2人は後に本書でも登場する。ちなみに他の2名、すなわちすでに登場したジェラール・デブリューとエスター（フランス語読みだとエステル）・デュフロ（女性）は別の名門校、エコール・ノルマル・シュペリウール（高等師範学校）

で学んだ。デブリューは数学を学び、デュフロは数学の専攻ではなかったが、フランスが数学を使う経済学に強いことは、この3名のノーベル経済学賞受賞からもわかる。

## 4 ジュール・デュピュイ

包括的なフランスのエンジニア・エコノミストに関する研究書である栗田（1992）では、100名前後のこれらの人が登場する。19世紀の前半期にヴォバン元帥、コリニョン、エトネ、ラマンデなど土木公団で仕事をしたエンジニア・エコノミストが多く紹介されているが、その中で最も重要な人物はデュピュイである。御崎（1998）においても彼については1つの章を用いて議論されているほどなので、19世紀を代表する人としてデュピュイを取り上げよう。

デュピュイはポリテクニクを卒業後に1824年に土木学校に入学した。そこで道路や橋、上下水道や交通網に関する工学技術を勉強したのである。卒業後は彼の専門を生かすために当然のごとく土木公団に就職する。政府の一機関なので、公共事業の担当者になったことが重要であり、彼の経済思想もエンジニアとしての仕事プラス公共事業従事者の役人という身分と切り離せないのである。

デュピュイは橋や道路をつくることによって、人々がどれだけの利益（彼は効用という言葉をすでに使用していた）を受けるのかに関心があって、それを実際に計算できるとよいという思いをめぐらせていた。伝統的な正統派経済学者のセーの仕事を勉強しており、ここでもエンジニアと経済学者の接点を理解できる。

19世紀の半ばにエンジニア・エコノミストは学術誌を持っていた。具体的には『シヴィル・エンジニアリング（*Journal du Génie Civil*）』と『土木年報（*Annales des Ponts et Chaussées*）』である。英語では土木工学はcivil engineeringと称されているが、このフランス語のGénie Civilが語源であるかどうかは不明である。デュピュイは1844年に『土木年報』で「公共事業の効用の測定について」という論文を、1849年の『土木年報』で「交通路の効用に対する通行税の影響について」という論文を公表して、橋の料金設定の問題を考え、民間企業（この場合は独占企業）と政府企業のどちらがよいのかの問題を、消費者（橋を利用する人）の効用から評価するとどう決定されるかを分析したのである。

デュピュイは限界効用逓減の論理が需要関数の右下がり曲線に対応する事実を考慮して、「絶対的効用」と「相対的効用」という概念を考え出した。「絶対的効用」とは、消費者が財を購入する際に、支払ってもよいと考える最高価格（すなわち最大の犠牲）で計測され、「相対的効用」とは実際に消費者が支払った価格（すなわち実質的な犠牲）との差として定義した。

このデュピュイの「相対的効用」の定義は、後になってイギリスのA・マーシャルが「消費者余剰」と定義して、現代のミクロ経済学のどの教科書でも教えられている消費者理論における有名な概念となった。マーシャルがデュピュイのフランス語論文を読んで承知していたかどうかまでは不明であるが、最初の概念提案者がデュピュイであるのは事実であり、マーシャルはそれを新しい命名で再定義して、世に定着させたと解釈しておこう。

デュピュイはこの「相対的効用」を最大にするには橋の価格がゼロのときに達成されるとした。すなわち無料が最適なのである。しかし橋の建設には費用がかかるので、民間企業（このときは独占企業）の設定する価格と政府の設定する価格が候補となるが、デュピュイは独占価格と政府価格を比較して、そのどちらが消費者（すなわち橋の利用者）にとって効用の比較で有利であるかを考えた。細かい分析は省略するが、結論は価格を低く抑制できる政府価格のほうが、消費者にとっては好ましいというものであった。

先ほど「相対的効用」を最大にするには価格をゼロにするとき、と述べたが、現実には価格を橋の通行税と考えれば、それをゼロにするのが最適ということになる。しかしこれだと政府は橋の建設のため巨額の費用を負担できないので、通行税を課して費用の調達を行うことになる。ここで橋の通行税をいくらにすればよいか、という新しい問題が登場する。

ここに公共財（たとえば橋で代表される）という問題と、公共経済学という1つの応用経済学の登場が必然となるのであった。これに関して政府の役割という分野にも関心が寄せられるようになり、デュピュイは公共財の問題、公共経済学、あるいは政府の経済学という分野の創始者のひとりとして名前を残したのである。

## 5　公共財の経済学

デュピュイが分析した橋や道路を典型として、現代ではそれらの財は公共財として認識されている。幅広い意味では、軍隊、外交、政府、教育なども公共財であり、食料、衣服、自動車などの私的財と区別される。ここで公共財を簡単に知っておこう。

公共財と私的財を区分するには、「競合性」と「排除性」が重要な概念となる。競合性とは、消費者がある財の消費を増やすためには、追加的な負担をしないとその財の質や量を保てない性質を意味する。競合性のある財は私的財の性格があり、非競合性のある財は公共財の性格を有していることになる。

排除性とは、財の購入をしようとするときに、対価を支払わない行為を実際に排除可能とする性質を意味する。排除性のある財は私的財の性格を有し、非排除性のある財は公共財の性格を有していることとなる。

非競合性と非排除性の双方を有する財を純粋公共財と定義し、競合性と排除性の双方を有する財を私的財と見なせる。前者の例としては国防、外交、政治などを想定すればわかりやすいし、後者の例としては食料品、衣服、自動車などが該当する。換言すれば、私的財は購入には人々が対価を払わねばならないし、その人のみが効用を享受するのに対して、公共財は特定の人に購入の対価の支払いを求めるのは不可能である。

非競合性、非排除性のいずれかを有する広義の公共財を準公共財と称することがある。たとえば橋や道路、図書館、空港や鉄道あるいは教育は公共的性格を有しているが、それを利用する人に効用が発生するので、その人に負担の一部を求めることが一般的である。

ここで公共財の定義が「非競合性」と「非排除性」によって明確になったが、当時のエンジニア・エコノミストはこの問題をどう理解していたのか、歴史を遡ってみよう。19世紀前半のエンジニア・エコノミストがこの2つをどう考えていたか、これに関しては栗田（1992）による詳細な検討があるのでそれを見てみよう。

「非排除性（あるいは排除の困難さ）」に関しては、多くのエンジニア・エコノミストはこれに気付いていた。すなわち、道路や橋などは何人をも利用可能な財であるし、特定の人の利用を排除できない、と認識していたのである。

たとえばクロード・ナヴィエ（Claude Navier, 1785-1836）は、デュピュイに先駆けて１８３０年頃に道路や橋は公共部門が提供すべき財であることを主張していた。すなわち今でいう「非排除性」が強い財なので、道路や橋の建設は公共部門の役割と考えた。

もう1つ重要な点は、これらの財は当時広く信じられていた「自然法」の考え方からも容認されるもので、何人も利用を阻止されてはならない、という人間の権利の1つとの理解を、ナヴィエはしていたのである。ナヴィエは思想としては平等主義者だったので、すべての人が平等に扱われる社会を好んでいたことからも、公共財の重要性を認識していた。

とはいえ、無料で道路や橋を開放すると混雑の問題が発生することに気付いていた。そこでナヴィエは *Journal du Génie Civil* に論文を発表して、道路建設の費用と便益を計算するという手段を考え、最適な通行料の計算を試みたのである。今でいう「費用便益分析（Cost-Benefit Analysis）」という考え方を初めて提案した人として記憶しておきたい。ここでもフランス人経済学者の独創性に満ちた経済思想を提案していたことに感銘を受ける。ついでながら、このナヴィエもポリテクニクと土木学校の卒業生であった。

しかしこのナヴィエの計算方法に間違いのあることを指摘したのが、すでに登場したデュピュイであった。デュピュイは彼の言う「相対的効用」の考え方（今では消費者余剰と称したほうが経済学徒にはなじみが深い）を提案して、公共財価格の決定に新しい手法を導入したのである。

もうひとりのポリテクニシャンで土木学校の卒業生であるシャルル・ミナール（Charles Minard, 1781-1870）を紹介しておこう。若い頃は今のベルギーにあるアントワープに派遣されて、洪水予防のための防波堤の建設仕事に従事してから祖国に戻った。ダム、運河、橋の建設という仕事に従事してからは、土木学校のトップの地位に就任して土木と経済の研究に励んだ。

彼を最も有名にした工学上の業績は、統計を用いて道路を利用する人の数を可視化したことや、道路を地図で表現して利用者がどの道路を利用したらよいかを判定しやすくしたことである。統計数学や交通路を図表や地図で表現して、誰にでもわかりやすくしたことに貢献のあったエンジニアであった。

エンジニア・エコノミストとしてのミナールの経済学的な業績を一言述べておこう。それは道路をどの都市とどの都市を結ぶように建設したらよいかに関しての分析と提言にあった。大都市と大都市の間の道路建設（これは鉄道建設についても適用できる）に優先権が与えられるべき、という経済効率優先の理論に説得力があるのは当然である。とはいえ中小の都市や町村を結ぶ道路や鉄道の建設を無視すると、そこに住む人々や企業は利便性を享受できないことになり、公平性の問題が生じる。特に中小の都市間の建設は利用者が少ないので、建設費用を回収できない可能性もあり、当局としては悩ましい問題でもある。

これは現代においても、経済効率性と公平性をどう両立させるかは論点の1つになっている。19世紀のフランスにおける道路の建設問題でも、すでにこの経済効率性と公平性のディレンマは論点になっていて、ミナールは中央政府が効率性と公平性のバランスをとりながら、優先順位を付けて決定すべきと主張したのである。

このようにして「非排除性」の問題は、エンジニア・エコノミストの間でそう困難もなく論点の整理がなされた上に、ある程度の解決策も提案された。しかし「非競合性」の問題は鉄道や運河のように建設費の巨額負担や、公共部門が巨大になりすぎて独占企業のようになる可能性を秘めており、皆の納得する理論や解決策を当時のエンジニア・エコノミストは提出できなかった。後の時代における経済学の進歩を待たねばならなかった。

純粋公共財や準公共財の生産やサービスの提供を、公共部門が行うことが自然な姿となったのである。これらの建設に公共部門が費用を負担するが、その利用者にも負担を求めることが多い。純粋公共財はともかく、準公共財にはそのことが妥当して、有料橋、有料高速道路、国有鉄道などは利用者が対価を払うのが一般的であることでわかる。

しかしそれらの財の最初の建設には税金を投入して、政府ないし政府機関が負担する姿が一般的である。デュピュイの例を思い出してほしい。橋や道路、あるいは上下水道、運河の建設にあたったのは土木公団であったのであり、これは政府機関の一部、あるいは現代では外部団体と見なせる組織の担当である。実際の設計と政策にはエンジニアが担当するのであり、重要なことは価格の設定や課税額の設定を、エンジニア・エコノミストの研究に依存して、実際にそれらを決定したのである。

フランスではこの仕組みがうまく進行したので、一群のエンジニア・エコノミストの集団が存在したし、かなり良い仕事をして、経済学の発展にも寄与したのである。

## 6　政府の役割

純粋公共財、あるいは準公共財の提供に政府、あるいは公共部門が関与する程度の高まる可能性を述べたが、現実にもその問題がフランスで発生した。

政府が交通政策を決定・実行するに際して、少なくとも共和政の時代であれば、議会の承認が必要なので、大統領や首相、あるいは大臣などの決定に応じて官僚は政治家との交渉が必要とならざるをえなかった。大きなことは大統領、首相、大臣が決めるが、細かいことは専門知識に強い官僚の草案に基づいて決めるので、エンジニア・エコノミストの計画プランも政治家を意識せねばならなくなった。現代の多くの国で、議会での政治と官僚の関係は公共財あるいは準公共財の提供をめぐって緊張関係にあるが、それが当時のフランスにおいて存在したのである。

しかしフランスに特徴的なことを1つ述べれば、フランスの官僚はとても優秀なだけでなく権限を持っているだけに、官僚の意図が実行される確率が19世紀についてはある程度成立していたし、その伝統が現代まで続いている。その1つの要因はエコール・ポリテクニクをはじめ現代であればENAなどのグランゼコール出身の優秀な役人が官僚の世界にいるだけに、専門知識に強く、かつ知恵を絞った計画案がエンジニア・エコノミストによって提案されるので、政治の世界においてそれを承認することとなり、官僚の意向が現場で実行される可能性が高かったのである。

もう1つ当時に特有な事情を述べれば、ヨーロッパは各国が戦争を行うことが多かったし、イギリス、フランスなどは植民地戦争にコミットしていたので、軍事部門の勢力が強い時代であった。道路や橋の建設のみならず、時代が進むと鉄道や運河、あるいは港湾の建設が重要になり、軍部はどこにどのような交通網を持てばよいのかを発言するようになり、政府に口を出すようになっていた。兵員や兵器の輸送は軍部の重要な業務だったのである。エンジニア・エコノミストは経済効率性を高めるための建設を企画するし、かつ費用をできるだけ抑制する計画を立てようとするが、軍部の意向にも配慮せねばならなかった。

19世紀前半では、経済学の思想としてはJ-B・セーで代表されるように、自由主義経済の信奉者が多く、エンジニア・エコノミストによる公共事業を愛する一派は、政府の役割を重視する立場だったので、伝統的な経済学派とエンジニア・エコノミストとの間はそう良好な関係になかった。ただし自由主義経済派の中でもサン=シモン主義の一派は、産業を強くすることを第一義にしていたので、鉄道業・銀行・株式会社の設立に期待して、政府の役割を重視したことを忘れてはならない。

もう1つ重要な論点は、エンジニア・エコノミストが経済分析の道具として必然的に数学を重視したのに対して、伝統的な自由主義経済派は数学の使用を好まず、哲学などの力を借りた思想に立脚した経済学を好んだのであり、数学に対する評価の差が両者の間にあったことも記憶しておきたい。

## 7　現代のエンジニア・エコノミスト

エコール・ポリテクニクを筆頭にして、フランスでは種々の工学分野に特化したグランゼコールが現代まで存続しており、優秀なエンジニア・エコノミストを輩出してきた。工学上の技術に特化した専門職に就く人、企業に入って経営者になる人がこれらの学校の卒業生としては主流であったが、経済学に関心を広めてその分野でとても素晴らしい研究業績を示した人もいた。その経済学者グループがここでの関心であり、20世紀に入ってからのエコノミストで特に画期的な業績を示した人を取り上げよう。

まず第1番目の人はモーリス・アレ（Maurice Allais, 1911-2010）である。典型的なエンジニア・エコノミストのように、ポリテクニクとパリ鉱山学校を卒業してから経済学者となった。１９８８年にはノーベル経済学賞を受賞しているので、その業績の高さは立証されている。

ところでアレは過去のフランス経済学者がそうであったように、ほとんどの研究をフランス語で発表していたのであり、戦後になってからアングロ・サクソン流の経済学（当然のことながら英語で書かれている）が経済学界を席巻するようになり、アレの研究は注目を浴びないこともしばしばであった、という不幸な歴史を有している。

アレの業績は多岐にわたるが、有名なものだけをいくつか書いておこう。第1に、彼の『経済と利子（*Économie et Intérêt*）』では動学的な経済成長モデルを開発して、今では「黄金律の法則」として知られている定理を見つけた。それは消費を最大にするには、利子率と経済成長率が一致するとき、というものであった。

第2に、今では「アレの逆説」と呼ばれるようになっているもので、不確実性の下での意思決定に際して、期待効用仮説の主張する公理に反する事例の存在することを証明したのである。これは、人々がよりリスク回避的であれば、より確実性を求めるようになる、という主張につながった。したがって、人々のリスク回避度の大きさが重要な要素となる、ということを明らかにしたのである。

第3に、『純粋経済要綱（*Traité d'Économie Pure*）』では一般均衡解が資源配分の最適値を示していると、1941年にすでに証明していた。これは1954年のアローとデブリューによる有名な研究成果に先駆けた業績だったのである。

第4に、金融論の分野でも画期的な仕事をしていたし、今でいう行動経済学における定理を、すでにかなり前から公表していたのである。

繰り返すが、アレの仕事はフランス語で書かれたものが多いので、英語の世界では無視されることもあった。一昔前であれば、クールノーやワルラスの仕事はフランス語で書かれていても、アングロ・サクソンや他国の経済学者はそれらを競って読んだので重宝されていた。ところが戦後になるとフランス語の地位が落ち、英語一色の時代になったので、アレの仕事は世界的に注目されるのに時間を要したのである。日本語で書いたものはまったく世界から無視されるのがよくわかる。

第2番目の人はマルセル・ボワトゥ（Marcel Boiteux, 1922-　）である。エコール・ノルマルで数学を学んでから経済学を学び、モーリス・アレの薫陶を受けてからエンジニア・エコノミストとなる。ポリテクニク出身ではないが名門校出身には変わりはない。勤務先がフランス電力公社だったので、電力に関する工学知識を必要とする経済分析を行った人である。彼は経済学者でありながらフランス電力公社のトップ経営者になったので、行政・管理手腕にも優れていたと思われる。むしろここでは、彼の経済学上の優れた業績に関心を示す。

その代表的な仕事は、価格決定理論における「ピークロード価格論」の提案であった。電力料金の決定に際して、人々が最も多く電力を消費するときの電力量に合わせて高い料金設定をすべき、と主張したのである。もとより電力消費量の低いときは料金は安くなる。この原理は高速道路における料金設定においても、交通量の多いときと少ないときに応じて料金を変えるという方式にも応用でき、公共料金の決定論における基本定理となったのである。

ボワトウについて付言しておきたいことがある。それはフランスは発電という業務において、原子力を多く用いる国として有名であるが、ボワトウはその推進者としての役割を果したのである。1970年代のオイルショックの際に素早く対応して、価格の高い石油を用いる火力発電に頼るのではなく、エンジニアらしく低コストの発電には原子力がふさわしいとの判断だったのである。

スリーマイル、チェルノブイリ、福島などの原子力発電事故を人類は経験して、原子力発電への懐疑論がある今日において、ボワトウあるいはフランス電力公社（今は民営化されているが、株式の大半はまだ政府が保有している）をどう再評価するかは論点である。

第3番目の人はジャン・ティロール（Jean Tirole, 1953-　）である。ティロールはフランスに長い間延々と続いたエンジニア・エコノミストの伝統を受け継いだ現代の経済学者である。2014年にノーベル経済学賞を受賞したので、その業績の素晴しさは証明されている。

ただし、ティロールには過去のエンジニア・エコノミストと異なる点が1つある。それは過去の人はフランスで教育を終えたが、彼は最終教育をアメリカの大学院で受けたし（マサチューセッツ工科大学のPh.D.）、業績も多くを英語で公表した点である。たしかに学部と大学院修士水準の教育はフランス（ポリテクニクと土木学校）なので従来の伝統どおりであったが、博士号はアメリカで取得し、その論文も英語で書かれた。

この事実は現代の経済学の変化を見事に示唆している。すなわち、フランス（あるいはドイツなどの他の国も含めて）は20世紀までは経済学で重要な文献を自国語で発表していたが、学術論文・著作は今は英語が支配するようになってしまった。これには2つの理由があって、1つは経済学がアングロ・サクソン流の経済思想が優勢になったこと、同時にこのことがアメリカ・イギリスの大学の経済学水準をトップにした。もう1つは、世界共通語が学問の分野を含めて英語となってしまったことである。

ティロールがどのような仕事をしたのかを簡単に述べておこう。それはエンジニア・エコノミストの伝統を引き継いでいて、企業や産業の行動を分析するのに努めたことでわかる。代表作は英語による *The Theory of Industrial Organization* や *The Theory of Corporate Finance* などである。すなわち、産業が独占、複占、寡占の状態にあるときの企業行動を分析して、消費者の利益を守るための規制のあり方を主張した。フランスのグランゼコールで数学を勉強しただけにゲーム理論に強く、当時のゲーム理論全盛時代における分析の成果だったのである。

## 8　ディリジスム

フランスにおけるエンジニア・エコノミストの活躍によって、フランスは政府・官僚が国家の政策の主導者であることが明白になったが、これを政治学や経済学の領域まで拡大して、フランスはディリジスム（国家主導主義あるいは国家介入主義）の国であるとの解釈がなされている。歴史を辿れば、それは皇帝・ナポレオン、ナポレオン3世の頃に起源をもち、国家の政治・外交・経済政策の立案と実行は、政府内にいる官僚組織によってなされている事実をふまえた上での、フランス特有の主義と考えてよい。

それらは本書でも詳しく検討した、官僚と関係の深かったサン＝シモン主義やミッシェル・シュヴァリエなどの貢献が大きかったし、それらの時代以降でも強力な権限を持つ官僚組織に経済や政治の運営が委ねられてきたことでわかる。さらに、それを支持したのはこれまた強大な権限を有した大統領という政治のトップの存在があった。すなわち政治と官僚が一体となって、フランスの政治と経済の進め方を主導したのである。その現状をディリジスムと呼ぶのである。ディリジスムに関しては遠藤（1982）が貴重な文献である。

ディリジスムは一見すると、社会主義国家における中央集権的計画経済に似ているのではないか、という錯覚を思い起こさせる。たしかに戦後のフランスの政治の歴史を辿ると、社会党が政権を取ったことが何度かある。しかしそれらの社会党政権においても、ソヴィエト連邦のような強固な中央集権的な計画経済の政策をとることはなかった。

重要なことは社会党政権ではなく、保守党政権であっても国家が政治・経済の分野で指導力を発揮することが多かったので、フランスをディリジスムの国と見なしてもかまわないのである。たとえば、重要な産業（航空、鉄道、原子力、電力など）は国有化されていた。もっとも最近は国有企業は民営化の動きの中にいるが、他の資本主義国と比較すれば、まだ国家の発言力は強い。国が主導して民間がそれに追随するという姿の強いのがフランスなのである。

国の重要な施策である教育や社会保障の制度においても国家の役割は強い。フランスでは私立学校の数は少なく、公立学校がほとんどを占めるので、勢い国家の発言力は教育に関して高まる。社会保障においても私的な社会保障制度は抑制されていて、政府が社会保障制度の企画・運営の中心にいる。

なぜこのようにフランスはディリジスムの国になったのかは、優秀な官僚とその行動を支持する政治の世界がうまく結びついてきた歴史があったことによる。エンジニア・エコノミストの存在も優秀な公務員の技術者を養成したからであり、それらの人の誕生はグランゼコールなどによる国家主導の教育組織の存在が後押ししたのである。

第8講

# 資本主義（自由経済主義）と社会主義の闘い

## 1　はじめに

19世紀に入って自由主義経済思想、あるいは資本主義に反旗を翻して、資本主義派経済学に抵抗する一派が勢力を持つようになった。言うまでもなくマルクス経済学である。19世紀までのフランスはどちらかといえば、資本主義擁護派が強かったが、第4講で述べた「空想的社会主義派」を一段とラディカル化したマルクス派が強くなっていた。そこでこの講では両派の激しい闘いを論じてみたい。

## 2　バスティア

前講までで何名かの資本主義（自由経済主義）信奉者と社会主義信奉者を論じて、18世紀は両派が経済制度の優劣性をめぐって論争を繰り広げた、と述べた。それが19世紀になってどうなったのか、フランスの経済学者がどういう主張をして、相手の学派をどう論破しようとしたかが、本講での関心である。

まずはフレデリック・バスティア（Frédéric Bastiat, 1801-1850）である。この経済学者はすでに論じたケネー、デュピュイやワルラスとは異なり、現代ではその理論なり学説が重要なものとして生き残ってはいない。とはいえいくらかは経済思想的に価値があるし、現代でも語られる寓話を残しているので取り上げる。彼の生涯と経済学については Russell（1969）から知り得た。

フランス革命後のナポレオン帝国時代の１８０１年に、フランス南西部のバイヨンヌというバスク人の住むフランス領で生まれた。親に不幸があったので公式な学校教育を中退しており、自分で働きながら勉強するという苦労人であった。

貿易業が仕事だったので特に経済学を学ぶのに熱心であった。とりわけ彼より少し年長の自由経済主義者のＪ－Ｂ・セーの影響が強かったし、当時は社会主義思想が強くなりつつあった時代なので、社会主義の経済学に対抗、比較するような論文を発表していた。それはフランスで出版されていた *Journal des Économistes* という雑誌で多く発表して、自由経済思想を主張していた。

フレデリック・バスティア

ここで発表されていた諸論文を集めて、バスティアは１８４５年に *Economic Sophisms* という書物を出版した。この本は驚いたことに日本でも訳されていた。『経済弁妄』という書名であり、１８７８年の林正明の翻訳であった。原書の出版後に33年も経過してからの翻訳であるが、令名は高かったのであろう。*Economic Sophisms* はアメリカでも好意的に受け入れられたのである。

この書物には2つの滑稽な請願文が国王宛に書かれている。詳しいことは述べないが、1つはローソク業者が競争者である脂生産者に対して、太陽光を遮ってほしいといったもの、もう1つは人々に右手を使わないという法律を制定してほしいというものであった。もっと有名で今日でもその価値のある寓話を、バスティアは主張しており、それは後に述べる。

Bastiat's Fallacyとも称されているバスティアの基本的主張として、主著である*La Loi*（*The Law*：法律）では次の2つを示した。すなわち、第1に貿易の自由化、第2に法律によって人々の①生活、②自由、③財産の3つを守ることを規定すべきとした。

貿易の自由化論は、当時の外国貿易では関税戦争が時折発生したり、輸入規制策の導入という保護貿易論が優勢であったが、バスティアはそれを排して、自由貿易が望ましいと主張した。イギリスのD・リカードが1817年に『経済学および課税の原理』を出版して、比較生産費説に基づいて貿易自由化論を主張したのであるが、バスティアは若い頃にイギリスにいたことがあるので、リカードの主張をおそらく知っていたと思われる。バスティアの自由貿易論は理論に基づいているというよりも、政策としてそれが消費者にとって利益となるので望ましい、という直観に基づいた提言の性格が強かった。もっともバスティアは、理論的な根拠でもって自由貿易論を展開したリカードを悲観主義者として好まなかったが。

第2の自由主義に関しては、当時社会主義の思想が流布しつつあり、私的財産の抑制といった主張がなされていたのに対して、バスティアは自由主義を主張したのである。具体的には、政府の役割は、人々の①生活、②自由、③財産の3つを保護することにあり、法律の存在意義は、政府がこれら3つを人々から略奪することを阻止することにあるとした。社会主義による政府は法律を作成し、これら3つの人民の権利を奪うかもしれないとして、社会主義を忌み嫌ったのである。バスティアの自由主義は、現代ではリバタリアニズムと称される自由至上主義の哲学・倫理学と解釈されてよい。

## 3 Ce qu'on voit et ce qu'on ne voit pas（見えるものと見えないもの）

現代の視点からすると、バスティアの最も重要な貢献は、このフランス語と思われる。翻訳すれば「見えるものと見えないもの」となるが、これを説明するのに際しては有名な「割れ窓の寓話」を用いた。どのような寓話であるか簡単に述べておこう。

ひとりの子どもがある家のガラス窓を割ってしまった。その子の親はガラス屋に6フランを払って、その家のガラス窓の修理を頼んだのである。この6フランはガラス屋にとっては収入なので、これを用いて何かの消費をするので経済の活性化に貢献するし、ガラス産業の振興にも役立つので、子どもがガラス窓を割ってしまったことは、必ずしも悪ばかりではない、と第一義的には擁護する人はいるだろう。

しかし、バスティアは次のような第二義的な副次的な効果をも示した。すなわち、窓を割った親は6フランを失っただけに、その家の消費の額を減らさざるをえないので、経済効果はマイナスである。これはガラス屋の消費増を打ち消す効果を伴うので、悪影響の要因となることを考慮せねばならない、と主張することになる。バスティアの言いたいことは、経済行為の結果の評価には第1次効果、第2次効果、第3次効果というように種々の異なる効果が発生するので、それらを総合的に考慮せねばならないとの主張である。

このバスティアの寓話を現代経済学の立場から評価すると、「機会費用の経済学」ということになる。何かの経済行為の成果を評価するとき、その行為の便益を評価するに際して、その行為を行うための時間をもし別の行為に利用すれば、別の便益が生じていたのであり、それを行わなかった便益はむしろ費用と見なすのが正しい。それを機会費用と称するのである。ある経済行為を評価するには、その行為から得られる直接の便益から機会費用を差し引いたものが、より正しい純粋な評価基準となるのである。

種々の効果を総合的に評価する必要がある、とのバスティアの寓話は、かの有名な経済学者ケインズでも用いられた。ケインズは1939年の『戦費調達論』において、戦争の準備に際して国家が大量の軍事費を支出することは、有効需要政策の1つとして成立すると評価したのである。

現に、第二次世界大戦によって、アメリカは未曽有の経済繁栄を経験したのであり、誇張気味ではあるが「戦争は最大の有効需要政策」との言葉すらある。そういえば、初期のナチスドイツのヒトラー政権は、ドイツ経済の不況を大量の軍事支出の増加によって克服せんとした歴史もある。ただし戦争は人命に多大な犠牲を強いるし、国土や工場が荒廃に向かうという悪効果を伴うので、バスティアの寓話にしたがうなら、必ずしも好効果ばかりではない、とすぐに反論できる。しかも公債を発行するので、大量の財政赤字を生む効果が後に出現するのである。

バスティアの「割れ窓の寓話」は、最初の提案者として「機会費用」を考慮すべきという価値の高い経済分析の概念を示唆したのであり、自由主義経済思想とともに後世に彼の名を残したのである。

## 4 その他の自由主義経済派の群像

J-B・セーを自由主義経済派の創始者的な本格代表者として、それに続いたバスティアを典型的な経済思想家の中心的人物と見なしてよいが、他にも18世紀末から19世紀にかけて、この学派を大いに盛り立てた経済学者、ジャーナリスト、政治家が数多くいるので、それらの人々を簡単に語っておこう。ミッシェル・シュヴァリエも重要な人物であるが、彼はサン＝シモン主義者のところですでに論じたので、ここでは登場しない。

まず興味のある事実を1つ記しておこう。それはJ-B・セーの一族が自由主義経済の推進派になっていることである。まずは息子のオーラス・セー（Horace Émile Say, 1794-1860）であり、*Journal des Économistes* の創設者のひとりであるし、もうひとりは義理の息子であるチャールズ・コンテ（François-Charles-Louis Comte, 1782-1837）である。彼は学者というよりもジャーナリストであり、義理の父親の思想の宣伝に努めたのである。門閥主義が貴族の世界だけでなく、セー一家を通じて学問の世界にも存在していたことがわかる。

まずはJ-B・セーの直弟子のジェローム・ブランキ（Jérôme-Adolphe Blanqui, 1798-1854）である。若い頃は化学などを勉強していたが、人文学に関心を移して、高校の教師をしていた。そこでセーと知り合うことになり弟子入りする。セーが教授であった国立工芸学校の教授を引き継ぐこととなった。そこで自由主義に基づく経済学の研究に励み、1837年には主著である『古代から現代までのヨーロッパ経済学史』を出版する。彼の主張は師であるセーの経済思想のように、商業取引や生産様式の自由を主張したものである。しかし多くの自由主義者と異なり、彼は労働者の役割をも考慮しており、むやみやたらに産業経営者の思いどおりにやる方策には賛成していなかった。このことは後に登場する彼の弟である社会革命家のルイ・オーギュスト・ブランキのところで再述する。

第2番目はジョセフ・ガルニエ（Joseph Garnier, 1813-1881）である。パリの商業学校（École supérieure de commerce）で学んだが、そこの校長だったジェローム・ブランキの推薦でその学校の教員となり、数々の経済学、商業に関する論文・書物を出版した。主たる関心は工業、産業、金融の課題であった。彼の重要な仕事は何回も登場した *Journal des Économistes* という雑誌の創設者のひとりであり、後の1845年には編集責任者となった。その頃には土木学校の教授にもなっていた。

ガルニエはかなりの数の書物・論文を出版しているが、重要な仕事は経済政策学会をつくって学者・ジャーナリストの会合の場としたことである。そこでの討論をふまえて、世の中に経済政策に関する意見発表の場を設けたのである。そういう意味では経済学者という学術的な人ではなく、専門家を集めるべく議論の場を設けて、経済に関する発言を世の中にするという啓蒙の役割が強かった人である。当然のことながらその主張は自由主義の経済政策であった。

第3番目の人は、ドイツ生まれながらフランス人となったモーリス・ブロック(Maurice Block, 1816-1901)である。ドイツの大学で教育を終えてからフランスに移住し、政府の農業省の統計部局で統計学者として勤務した。統計局に移ってからは、統計を用いての経済分析を得意としていたし、その分野は農業分野のみならず、各産業の多岐にわたった。当然のことながら社会主義には反対で、自由経済思想を旨とした経済分析であった。

第4番目の人は、フランス生まれながらドイツのボンやベルリンの大学で学んだポール・ルロイ=ボーリュー(Pierre Paul Leroy-Beaulieu, 1843-1916)である。ブロックとともにドイツで大学教育を受けた共通点がある。

ルロイ=ボーリューで特筆すべきことは、彼の学術論文がいくつも賞を取るという名誉に輝いたことにある。このことによって彼はいくつかの書物も出版した。言うまでもなく、自由経済思想に基づく分析が中心であった。地位としても新しく創設された政治学校の教授に1872年に就任したし、1880年にはセーがそうであった最高学府のコレージュ・ド・フランスの教授にも就いた。

ここでまた興味ある門閥主義の顔を知ることができる。ルロイ＝ボーリューは第3代目のコレージュ・ド・フランスの教授であった。ミッシェル・シュヴァリエの娘婿だったのであり、あくまでも推測にすぎないが、ここでも縁故主義が働いたかもしれない。もっとも義理の父親になるシュヴァリエが、若きルロイ＝ボーデューの優秀さに惚れ込んで娘を嫁がせたかもしれない。

## 5　ルイ・オーギュスト・ブランキ

フランスでは空想的社会主義と呼ばれた社会主義派がいて、これまで述べてきた自由主義派の経済学者と対立していたが、マルクスやエンゲルスを中心にしたマルクス主義、あるいは共産主義も19世紀初頭のフランスでも勢力を強めつつあった。そこでこういうグループに属する経済学者を概観しておこう。

最初に登場するのはルイ・オーギュスト・ブランキ（Louis Auguste Blanqui, 1805-1881）である。先ほど自由主義経済学者で登場したジェローム・ブランキの弟である。通常は兄弟は同じないし似た思想を持つのであるが、ブランキ兄弟は自由主義と社会主義というまったく異なる思想の持ち主であり、したがって2人の歩んだ人生はまったく共通点はなく異質なものであった。すなわち、兄は自由主義経済を主張する工芸学校の教授であったが、弟は投獄を繰り返す活動家であった。ルイ・オーギュストは若い頃は法律や医学を学んだが、政治運動に走るようになり、当時のフランスは共和制と王制の間で揺れていたが、彼は常に共和制の支持者であったし、1830年の革命では暴力行為に訴えたこともあった。社会主義の信奉者になっていたのである。そのために逮捕されて投獄もしばしばであった。

ここで兄ジェロームのところで、彼は資本主義者でありながら労働者の味方であるとの立場にいたという事実を書いたが、そのことを思い出してほしい。兄弟は多少同じDNAを持っていたと解せるか、兄は弟の立場を理解してそういう立場にいた、とも解せる。換言すれば、弟ルイは極端に近い社会主義者であったが、兄ジェロームは極端な自由主義経済論者ではなく、労働者にも同情の念を示した穏健な人であった。

いずれにせよ弟ルイ・オーギュストは社会主義運動の活動家であり、死刑の実刑を逃れたが死刑を宣告されたこともあるし、何度かの投獄経験者であった。有名な1848年のフレンチ・コミューンによる革命でも活動したのである。1865年には投獄中でありながら監獄から脱走して、再び暴力的な運動に加わるという過激派であった。

ルイ・オーギュストは活動家だったので、プロパガンダのような著作しか残していない。革命のやり方としては、マルクスのような労働者と大衆が団結して資本主義を倒すような主義を主張せず、少数の指導者が暴力革命を実行すべきと考えたので、正統派のマルクス主義とは異なるスタンスであった。

## 6　プルードンとソレル

空想的社会主義者ではなく、もう少しこれらの人々より過激な思想を主張した人がフランス人にいるので、ここで紹介しておこう。それはプルードンとソレルである。プルードンは空想的社会主義者と同世代の人であるが、ソレルはもう少し時代が進んで19世紀後半から20世紀初頭に活躍した人である。

ピエール＝ジョセフ・プルードン（Pierre-Joseph Proudhon, 1809-1865）に関しては河野（1974）に詳しい。フランス人の多くの社会主義思想家が比較的裕福な家庭に育ち、かつ教育もエリート校の出身者であるが、プルードンは貧しい家庭の出身者である。若い頃は印刷工として働いており、そこでフーリエの著書である『産業的協同社会的新世界』の校正の仕事を担当し、その本を読みながらいたく感銘を受けた。印刷工がある人のゲラを読んでそれに心酔して、その後の人生に大きな影響を受けた、という感動的な物語である。

若い頃に『所有とは何か』を１８４０年に出版し、「所有は盗みである」と書いて有名となった。資本家としての生産手段を所有する者は成果を一人占めにして、労働者を搾取することになる、というマルクス主義の根本思想をすでにプルードンは主張したのである。その後も著作を重ねて後になってアナーキズム（無政府主義者）思想の走りとなった。国家、経営者、資本家が工場や産業を所有したり管理することは、人々や労働者の搾取につながるので、たとえば双方が共同で所有するといったように、誰かが一方的に支配・所有するのではなく、自由で平等な双務関係なり保有が望ましいとした。

マルクスが『哲学の貧困』で、同じ左翼でありながらプルードンの思想を酷評したのは有名であるが、専門的すぎるので言及しない。労働側が革命を起こして、国家が土地・工場を所有する形態を望んだマルクスからすれば、プルードンの考えは生ぬるかったのであろう。

ジョルジュ・ソレル（Georges Sorel, 1847-1922）は油と水商人の家庭に生まれたが、教育はポリテクニクの卒業生である。産業主義の実践者として技術者、官僚、経営者になる人の多いポリテクニシャンにしては珍しい社会主義運動の人となった。特にサンディカリズム（労働組合運動）の知的支持者であった。思想として、労働組合運動の役割を主張した。特にソレルについて書いておくべきことは、『暴力論』を出版して、マルクス主義あるいはプロレタリアートの革命を成功させるためには、大規模なストライキやサボタージュを行うということを是認し、資本主義を倒すような直接行動があってよいと主張したことである。

日本では無政府主義者として知られる大杉栄（1885-1923）がソレルを好んでおり、彼の『労働運動の哲学』の中でソレルを賞賛している。現に大杉はフランスまで行ってフランス社会における下層階級の実態を知ろうとしたのであり、プルードンやソレルの影響を受けたのである。大杉については橘木（2019a）に詳しい紹介がある。

## 7　ルシアン・サニエル、アルギリ・エマニュエル、シャルル・ベッテライム

19世紀末から20世紀にかけても、フランスでは社会主義に染まって理論的な研究成果を出す人と、実践的な活動家を生む時代は続いた。それらの人のうち数名を素描しておこう。

第1番目はルシアン・サニエル（Lucien Sanial, 1835-1927）である。この人はフランス生まれながら1862年にフランスの新聞社の特派員としてアメリカに移って、ジャーナリストながら労働組合運動にコミットした人である。アメリカの社会主義政党をつくろうとして重要な役割を演じたので、フランスで記憶される人ではない。むしろ社会主義が根付かなかったアメリカであるところに、活発に労働組合運動と社会主義運動にコミットした人としての価値がある。彼の著作としては、アメリカが中南米に植民地主義的な進出を図ろうとしていたのを批判した*Territorial Expansion*（1901）がある。

第2番目の人は、ギリシャ生まれでフランスに帰化したアルギリ・エマニュエル（Arghiri Emmanuel, 1911-2001）である。彼が少年時代や若年時代に何をしていたかはよく知られていないが、1928年頃からマルクス主義に基づいていろいろな著作を出版し始めて、マルクス主義の理論家として知られるようになった。最も有名な理論は「不平等交換理論」と呼んだもので、先進国と

発展途上国の間での貿易は、発展途上国での低賃金と先進国での高賃金との格差があることによって、発展途上国は不利な交易条件に従わざるをえないという不平等を主張したのである。

彼の「不平等交換理論」は次に述べるベッテライムの「不平等交換理論」とは異なるものとして、両者は相反する主張の持ち主となった。それはベッテライムは不平等交換の貿易が発生するのは、資本集約度において発展途上国と先進国の間で差が生じるのが主たる要因と主張したのである。もとよりエマニュエルもベッテライムもマルクス経済学の枠内での主張の違いであったが、実は非マルクス経済学（近代経済学）の枠内でも、発展途上国と先進国の間では、賃金差かそれとも資本集約度の差なのかの論争はあったので、両学派が貿易論をめぐって似たような論争をしていた事実は興味深い。

第3番目の人は、シャルル・ベッテライム（Charles Bettelheim, 1913-2006）である。かつてフランス高級紙『ル・モンド』は、彼のことを資本主義国においては20世紀最高のマルキストであると評したほどの大家であった。

ユダヤ系オーストリア人の父とフランス人の母の間に生まれ、幼い頃はスイスに住み、エジプトに一時いたが、1922年にパリに移り住んだ。パリでは若い共産主義者として活動した。その後しばらくの間モスクワに行って哲学、社会学などを勉強して、社会主義理論をマスターすることに努めた。第二次世界大戦後はパリに戻っていて経済学を学ぶようになり、マルクス経済学を本格的に勉強したのである。筆者がパリにいるとき、新聞やテレビでよく接した論客であった。

その頃からベッテライムは発展途上国の経済アドヴァイザーの仕事をするようになり、それらの国が社会主義化するための施策をアドヴァイスしたのである。特に中華人民共和国とキューバには熱を入れて、毛沢東主席やカストロ首相と懇意となり、それらの国の経済政策の策定にアイデアを提供した。特に中国での毛主席主導の文化大革命に賛成したので、急進的な革命主義者の名前を献じてもよかった。文化大革命後に登場した、共産党政権ながら近代主義者であった華国鋒や鄧小平のような資本主義的経済運営策には否定的であった。ベッテライムを要約すれば、旧いタイプの硬い正統派のマルクス・レーニン主義者だったと言えようか。

## 8　レギュラシオン理論の誕生と推移

レギュラシオン理論とは、1970年代にフランスで発生した経済学上の新しい学派である。マルクス主義経済学の流れをも引き継いだ経済思想なので本講に入れた。しかし後に強調するように、必ずしもマルクス主義だけを継承した経済思想ではなく、幅広く他の思想をも受け入れたし、独自の経済学の考え方をも主張しているので、独立の節としてレギュラシオン理論を議論する。

どういう経済学者がこの学派に属しているかを、次の名前で列挙しておこう。ミッシェル・アグリエッタ（Michel Aglietta, 1938-　）、ロベール・ボワイエ（Robert Boyer, 1943-　）、ベンジャミン・コリア（Benjamin Coriat, 1948-　）、アラン・リピエッツ（Alain Lipietz, 1947-　）などである。コリアを除いて3名はポリテクニクの出身なので、出発点はフランス伝統のエンジニア・エコノミストであった。3名とも国家公務員として働いたが、経済学に特化し始めてから、レギュラシオン理論の創設に向かったのである。

なお日本人の経済学者にも一定の影響を与えたのであり、山田鋭夫（1942-　）、植村博恭（1956-　）、原田裕治（1970-　）、宇仁宏幸（1954-　）などがいる。レギュラシオン学派の影響力は経済学の世界を席巻していた正統派のアングロ・アメリカン諸国に及んだことはあまりなく、中南米諸国への影響力は一定程度見られた。こういう国々は新古典派経済学に抵抗し、むしろマルクス経済学にシンパシーを感じる経済学者が多かったことの反映である。

この学派を筆者なりに評価すると、ケインズ派、マルクス派、そして経済史におけるアナール派の遺産に敬意を払いながらも、新古典派経済学の考え方も多少取り入れた新しい学派という特色を有している。良く言えば、それらの学派の優れた側面を取り入れて経済学の新しい解釈に努めながら、自分たちの理想の経済思想を創ろうとした点にある。悪く言えば、学派のつまみ食いという感がしないでもない。そこでこの理論をやや詳しく検討しておこう。

## 9　レギュラシオン理論の本質

レギュラシオン理論は1970年代に発生した新学派の運動と述べたが、この時期は資本主義経済が危機的状況にあったことと関係がある。すなわち、中東地域でのアラブ諸国とイスラエルの戦争を経て、オイルショックによって原油価格が4倍に高騰し、各国は一挙にスタグフレーションに入ってしまった。従来であればケインズ経済学の解釈（特にフィリップス曲線）からすると、高（低）インフレの時代は失業率が低く（高く）というように、物価上昇率と失業率はトレードオフ関係にあったが、オイルショック以降は高インフレと高失業（不況）という双方が存在するスタグフレーションの時代に入ってしまったのである。既存の経済学では解明不能、解決策がないという時代となった。

この時代で興味深いのは、戦後になってマルクス経済学は一時のような勢力ないし影響力を失い、非マルクス経済学の繁栄する時代になっていたことである。非マルクス経済学がスタグフレーションの解明と解決に良い方策を提出できない現実を見て、マルクス経済学が少し勢いを得るようになったが、マルクス派の流れをも受け継いだレギュラシオン理論が登場して、マルクス学派の再興に寄与したと解釈できる。特に資本主義の危機を説いたレギュラシオン理論の初期にあたるアグリエッタ（1976）を読むと、当時の経済学の右往左往がよくわかる。

ここで個人的な思い出を書くことを許していただきたい。筆者は１９７３年から76年までフランスのパリにあるＩＮＳＥＥ（国立統計経済研究所）で客員研究員をしていたが、隣の部屋でアグリエッタが研究を行っていた。政府の研究機関であるし、彼はポリテクニク出身のエンジニア・エコノミストとして理解していて、レギュラシオン理論の研究を始めている人とは気が付かなかった。

政府機関にいながら資本主義批判を続けるのは困難と思ったのか、後になって彼はＩＮＳＥＥを離れて、パリ大学の教授に転身したのである。

次に登場するレギュラシオン理論の専門家はロベール・ボワイエである。彼は２０１５年にレギュラシオン理論のほぼ40年間を総括した書物『資本主義の政治経済学（*Économie Politique des Capitalismes*）』を出版しており、この書物からこの理論の大要と発展が読み取れる。ついでながらボワイエとも個人的な関係があり、彼を3か月間にわたって京都大学に招くことをしたし、パリ、東京でのシンポジウムで何度か同席した。

ワルラスによって資本主義経済、あるいは市場経済が自然に「均衡」に到達することが主張され、アロー、デブリュー、サミュエルソンらによってその均衡が存在し、かつ安定するための条件が数学的に証明された。しかしマルクスが主張したように、資本主義は必ずしも労働者にとっては幸せな経済生活を保障するものではなく、資本家と労働者間の階級対立が深刻になったし、経済は不況を必ず経験することとなった。それを是正する理論と政策を提案したのがケインズであったが、戦後の20～30年という一時期にケインズ政策は成功したとはいえ、１９７０年代に深刻なスタグフレーションを迎えて、その栄光は消え失せてしまった。

この不安定な資本主義の危機に対処するにはどうすればよいか、レギュラシオン理論は対立する勢力、すなわち資本家と労働者、政府と国民、あらゆる社会的勢力間の「調整」をうまくやれば、危機を乗り越えることができると主張したのである。それは政策の発動という手段ばかりではなく、制度の変更によってもなされうる資本主義は、社会において「調整」されるべきもの、というのが基本的な主張である。

新古典派経済学はこの「調整」は自然に市場によってなされると考えたし、マルクス経済学はたとえば革命という強硬手段を「調整」と考えたし、ケインズ経済学は政府が適切な政策を発動して行えば、「調整」ができると考えたのである。こうしてレギュラシオン学派はこれまでに存在していた諸々の経済思想を統一的に理解した上で、自分たち独自の思想を提案したのである。良く言えば既存の経済思想を勇敢にも乗り越えようとしたのである。

では具体的にレギュラシオン学派はどういう思想を提案したのであろうか。それに関しては日本のレギュラシオン支持者である山田・植村（2018）によって適切な解説があるので、それに立脚して記しておこう。5つの基礎概念があるとされる。それは図8-1によって示されている。

この学派にとって重要な考慮対象は経済を動かす制度であり、その基礎概念は5つあると考えた。それぞれが市場を持つか、政策の発動を行う主体である。これらが種々の行動を起こすことに期待するのである。第1の基礎概念は制度間関係である。

第2の基礎概念は「成長体制」と称されるもので、資本主義は諸矛盾を抱えてはいるが、それを超えてある一定の方向に持っていくことを可能にするマクロの規則性である。

第3の基礎概念は、第2の基礎概念を達成するために、種々の調整を行うものである。社会には特定の「ゲームのルール」があるが、それが成長体制と整合的であれば経済社会は安定へ、不整合

図8-1　レギュラシオンの5つの基礎概念

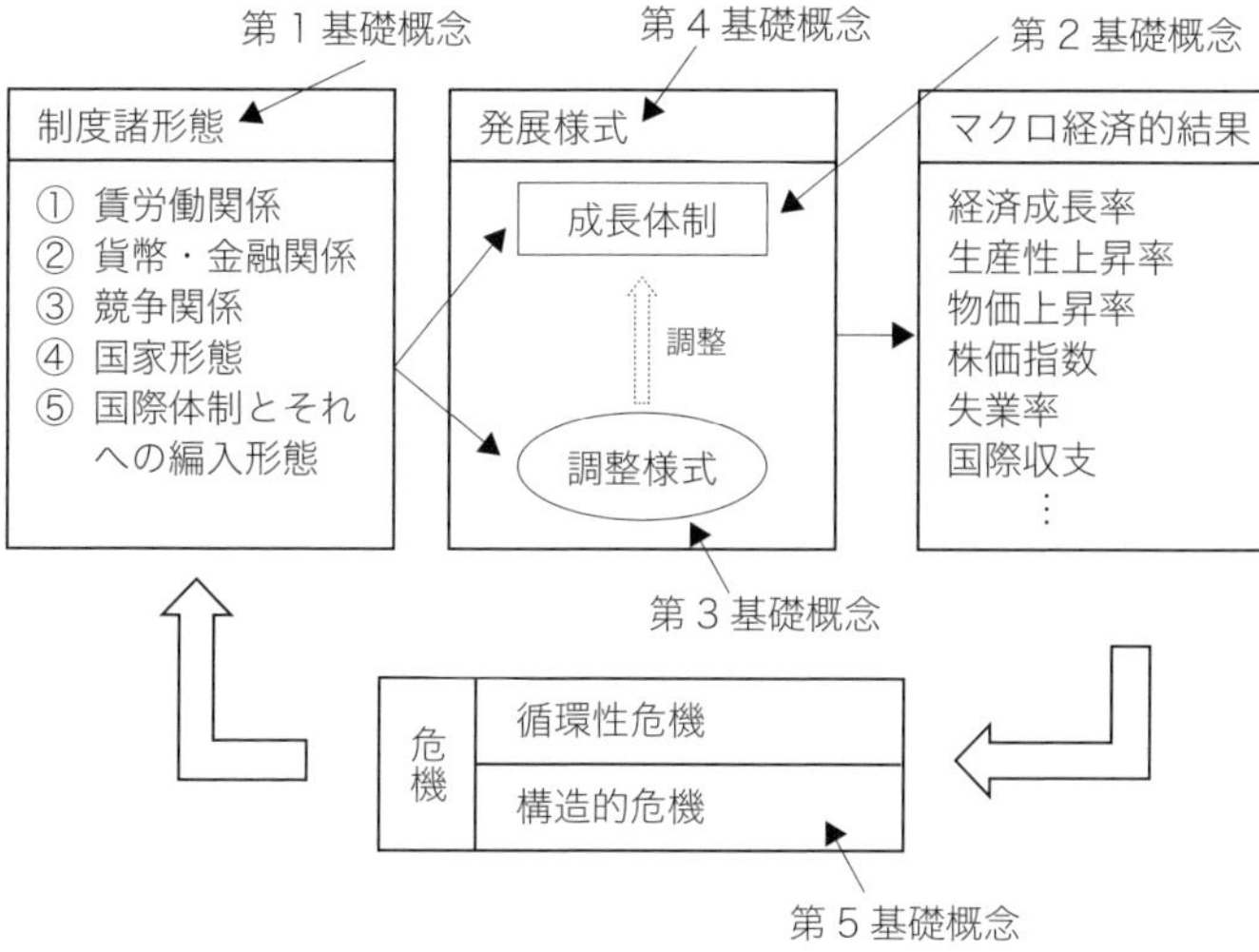


出所：山田・植村（2018）。

であれば不安定となる。成長体制を保証する「ゲームのルール」を「調整様式」と称する。

この第2の成長体制と第3の調整様式の一体を「発展様式」と称し、第4基礎概念とする。右端に書かれた「マクロ経済的結果」は、経済学が種々の目標を達成すべき経済変数の項目である。これらの最適化がレギュラシオン学派のみならず、ほとんどすべての経済学が関心を持つ経済変数である。

第5の基礎概念は、資本主義で起こりうる危機を考慮せねばならないとする。たとえば大不況、オイルショック、大規模災害、疫病などがこれに対応する。

この図8－1全体を見て何が言えるのか、簡単に述べておこう。まず危機が生じたとき誰かがそれを乗り越える術を発見して努力をせねばならないのであるが、その主体が誰でどういうことを期待するかが、最初の論点である。レギュラシオン学派によると、第1はアメリカ資本主義の象徴であった「フォーディズム」による大量生産主義、第2は日本の大企業を念頭においた企業主義的政策、第3は階層的市場－企業ネクサス論、第4は投資主導型ないし輸出主導型であった。これらが第1の基礎概念の中でいずれかの制度を動かして、第4の発展様式で調整を具体的に発揮するのを期待するのである。

これらの4種類の調整様式、ないし発展様式がどの国の経済を解釈するのに役立ち、あるいはどの国の経済発展に有用であったかを問えば、「フォーディズム」は好調な時期のアメリカ経済に適合するものであった。では日本経済に関してはといえば、日本のレギュラシオン学派は「企業主義的政策」「企業ネクサス論」を主張して、少なくともオイルショック以前の日本経済の好成績は、雇用を重視する企業政策に価値があったとしたのである。

失われた20年、30年の中にいる今の日本経済は、雇用を重視するだけではやっていけないし、ＩＴ革命においてアメリカや中国に遅れをとった日本をどうすればよいか、レギュラシオン学派の分析・提言に期待したいものでもある。

## 10　資本主義の類型

フランスのレギュラシオン学派は、資本主義を種々の基準で類型化する試みをしているので、代表的な研究の2つをここに記しておこう。1つはボワイエ（2015）によるものと、もう1つはアマブル（2003）によるものである。

まず4つの類型を示したボワイエに注目すると、次の4つに要約される。

① 市場主導型：アメリカ、イギリス、オーストラリア、カナダというアングロ・アメリカン諸国のように、市場を中心にして経済は動き、競争が重要な原理となる。
② メゾ・コーポラティズム：日本を念頭において特殊な労働・金融市場があることに注目する。
③ ヨーロッパ統合・公共型：フランス、ドイツ、イタリア、オランダのように、政府が調整機能を行う政策を重視する。
④ 社会民主主義型：北欧諸国を念頭におき、政労使の協調体制の価値を評価する。

次にボワイエとは異なって、新しく「地中海型」が加わって合計5つの類型を示したアマブル（2003）がある。

⑤　地中海型：　イタリア、スペイン、ポルトガル、ギリシャのように政府の規制が強いことと、社会保障の役割が小さい特色がある。

これらボワイエとアマブルの資本主義の類型化は、調整機能を誰がどのように行っているかの特色に注目して区分したものと理解してよい。

# 第9講
# ピケティの格差論

## 1　はじめに

ピケティ『21世紀の資本』(2013) の出版は世界にセンセーションを起こした。その内容は本講で論じるが、一口で言えば「資本主義には所得・資産の分配に不平等をもたらす宿命がある」というものであった。ケネーやスミスの世界においては経済効率性を高める、すなわち経済や産業を強くするにはどうすればよいかが中心課題であって、人々の所得や資産の分配に関する話題はそう論じられていなかった。

むしろ分配論はイギリスで関心が寄せられた。ジョン・スチュアート・ミル (John Stuart Mill, 1806-1873) の『経済学原理』が資本主義、あるいは自由主義経済においては、資本家と労働者の間で貧富の格差が拡大する可能性がある、という警鐘を鳴らした。それ以前にもイギリスのD・リカードの『経済学および課税の原理』が、賃金や利子の分配理論を考えていたので、格差の問題はフランスよりも資本主義の発展したイギリスで論じられる話題であった。トマ・ピケティ (Thomas Piketty, 1971- ) はLSE (ロンドン・スクール・オブ・エコノミクス) のアトキンソン (世界的に有名な不平等分析の大家) の指導を受けたこともイギリスとの関係を物語っている。

とどめはドイツのマルクスやエンゲルスらによるマルクス理論の登場であった。労働者は資本家に搾取されることを理論的に証明し、高所得者 (資本家) と低所得者 (労働者) は所得格差の大きさのみならず、社会主義思想に特有な階級闘争の中に入らざるをえない、と主張した。

本書でも明らかにしたように、フランスでもマルクス経済学は研究されていたが、主流は経済理論というよりも、思想や政治の観点からのものが多かった。あえて述べれば、経済のメカニズムを解明したワルラスは、自身のきわめて分析的な成果である一般均衡分析以外では思想的には社会主義に近く、大土地所有の弊害をなくすべく土地の国有化などを主張したのである。

そこに登場したのが最近のピケティであった。必ずしもマルクス経済学の分析手法に依存せず、

トマ・ピケティ*

近代経済学の手法を用いて今や資本主義国の所得・資産の分配は大きな不平等の中にいる、ということを理論と実証で証明した、むしろ思想的にはワルラスの影響を受けたともいえる。ピケティ格差論の内容については後に詳しく論じるが、ピケティが近代経済学の分析手法を用いたので、世界中の多くの経済学者のみならず、一般人の興味をも喚起したのである。マルクス主義のようなドグマに囚われていないピケティのスタンスも魅力の1つであった。

* Thomas Piketty, in 2015, https://commons.wikimedia.org/wiki/File:Thomas_Piketty,_2015_(cropped).jpg?uselang=ja

まとめてみよう。ピケティの経済学は必ずしもフランスの伝統の中だけから生まれたものではなく、イギリスとフランスのハイブリッドから生まれた、と解釈しておこう。

## 2　ピケティの衝撃

2013年にフランス語版、2014年に英語版と日本語版によって世界を席巻する経済書が出版された。ピケティによる『21世紀の資本』である。これが世界的なベストセラーになったことは記憶に新しい。アメリカでは50万部をも突破したのである。日本語版で700～800ページにもわたる経済の専門書がこれだけの販売に成功したのは、おそらく前代未聞ではないだろうか。この書が経済学界で大きく取り上げられたのは、経済学上で大きな貢献を含んでいたので当然である。一般読者にも高い関心が寄せられたのは、内容が現代の資本主義の抱える課題、すなわち格差問題を真正面から取り上げたことが理由である。本書の内容の質が高い上に、説得力に満ちた主張、そして経済学者以外の人にとっても容易に読める書き方になっていたことも人気の要因であった。

ピケティの書物の主張を一言で要約するなら、ここ200～300年あまりの世界において、最も有力な経済体制であった資本主義経済では、高所得者・高資産保有者はますます富裕化するのが自然であることを簡単な経済学の理論で示し、かつそれを約20か国の長期にわたる統計を用いて実証に成功したということである。日本も当然のことながらこの20か国の中に含まれている。ピケティ自身が自分はマルクス信奉者ではないと述べており、非マルクス学派、あるいは近代経済学派による経済学の書物である。

ここでピケティの経歴をごく簡単に紹介しておこう。1971年にパリ近郊で生まれたピケティは、18歳でエコール・ノルマル・シュペリウール（高等師範学校）に入学した。この学校は入学試験が非常に難しいエリート校であり、彼はここで数学を専攻した。本書でも登場したクールノーとデブリューが、この学校で数学を勉強したことを思い出してほしい。現代の経済学は数学を駆使するので、ピケティが大学院で経済学を勉強する気になったのは自然であった。

イギリスの名門LSE（ロンドン・スクール・オブ・エコノミクス）とパリの社会科学高等研究院（EHESS）の共同学位プロジェクトの下で、22歳という若さで博士号を取得した。博士論文のタイトルは『富の再分配の理論』であり、所得や資産分配が彼の中心課題だったのである。博士論文の指導教授は、所得分配論と社会保障論の権威であったイギリスのA・アトキンソンであった。ノーベル賞を受賞してもおかしくない人であったが、数年前に故人となってしまった。

ピケティはその後アメリカのマサチューセッツ工科大学（MIT）で教鞭をとることになるが、MITの経済学は名門中の名門なので、彼の博士論文の質の高かったことが、MITに就職できた理由である。

とはいえMITをはじめアメリカの大学では、経済学の論文を書くのに数学を用いるのがごく自然であるし、研究論文も数式で満ちているのが多くなっていた。ピケティも若い頃は自身の論文の発表に際して数学を用いていたが、徐々に数学で明け暮れる経済学の姿に失望するようになっていた。数学の展開だけに夢中になっていて、現実の経済とほとんど関係なく、机上の空論の世界での数学のこねくりまわしだけに没頭する経済学の現状に不満を抱くようになったのである。そこで彼はMITを2年間の滞在のみで辞してフランスのEHESSに戻ったのである。現在ではイギリスのLSEのフランス版であるパリ・スクール・オブ・エコノミクスの教職にいる。

フランスに戻ると彼は理論もさることながら、実証研究に取り組むようになった。大蔵省の建物に埋もれていた200年以上にもわたるフランスの税務統計を丹念に調べて、フランスの高所得者の所得の稼得状況と、税金をどれだけ支払っていたかを研究したのである。フランスのことを非常に綿密に調べ上げたピケティは、関心をイギリスを筆頭にしてヨーロッパ、北米、日本といった資本主義国にまで拡大して、かの有名な『21世紀の資本』を出版するに至るのである。イギリスに関していえば、アトキンソンとの共同研究が役立ったことは強調されてよい。イギリスではフランスと同様に税務データが長期間保存されていたので、英仏両国については200年以上にもわたる長期の統計分析が可能だったのである。

残念ながら日本に関しては、200年以上にわたる長期の統計は存在していない。江戸時代に関してはいくつかの藩に多少の統計があるだけで、全国ベースのものは存在していない。明治時代になってから全国ベースの所得・税務統計が収集されるようになったが、第二次世界大戦後の統計表のように広範囲をカヴァーする統計はまだ存在していなかった。

## 3　20世紀フランスにおける所得分配

ピケティの本格的な書物は『格差と再分配：20世紀フランスの資本』である。日本語版（2016）はなんと1100ページにも達する大部で、価格1万7000円という書物である。原著は2001年のフランス語版である。この書は1901年から1998年までの100年弱の期間にわたって、フランスの所得分配の現状、特に高額所得者の動向に関して分析を行ったものである。

ここで興味ある事実を述べておこう。それはピケティのフランスがそうであったように、多くの国における古い時代の所得分析は、高額所得者に限られている、という点である。それは統計のソースが所得税統計であり、そこから所得の数字を取り出すからである。昔は税金を払っていた人しか所得の統計がなかったのである。税務統計イコール所得統計となっていて、税金を払う人は高額所得者に限られていたので、所得の統計は高額所得者に限られることになる。日本においても、昔の所得分配の研究は高額所得者が中心だったのである。第7章で他の欧米諸国との比較を行っているが、主たる関心はほぼフランスである。この2001年の書が後に世界的に有名となった『21世紀の資本』の出発点となった研究である。さらに長期間にわたる所得税の変化とその効果を記述しているので、税による所得再分配効果の分析がかなりなされている。

図9-1　所得全体に占めるトップ十分位の所得の割合
(1900-1910年および1919-1998年)

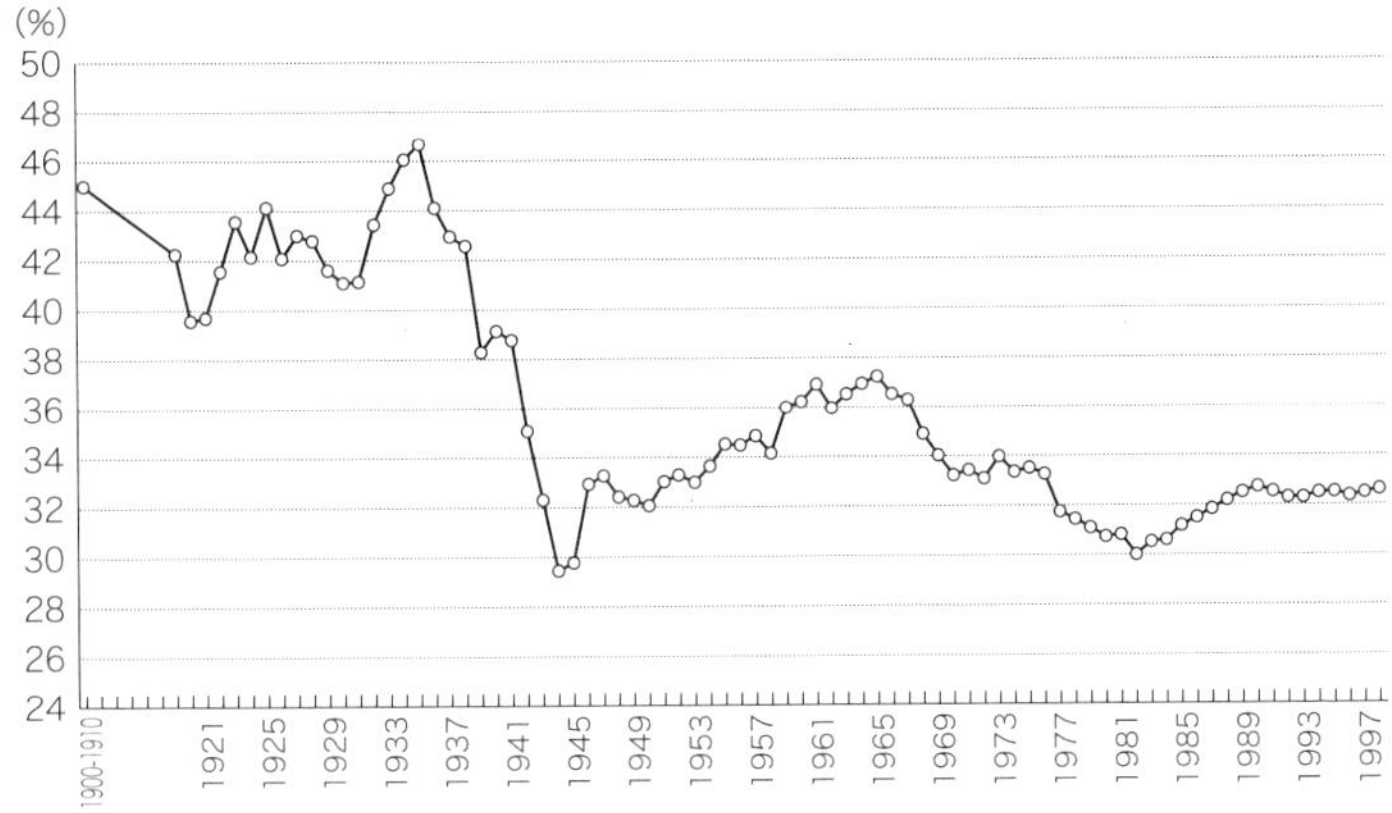


出所：Piketty(2001=2016: 156)。

ここでこの書に基づいて、フランスの約1世紀にわたる所得分配の推移を素描しておこう。第1に、世界的に有名になったピケティによる『21世紀の資本』では、主たる分析の変数が資産だったのであり、資本主義国における高額資産保有者はますます富裕化したことが主張されたが、『格差と再分配』の主たる関心は所得なので、『21世紀の資本』とは異なった分析がなされている。

図9―1は所得分布の中でトップ十分位（つまり最高所得の上位順位者から上位10％までの順位）の人の所得合計が、国民全員の総所得に占める比率の変化である。これによって高額所得者がいかに高い所得を稼いでいるかがわかる。すなわち、この数字（％）が大きいほど、高額所得者はより高い所得の稼得者なのである。

この図によると、第一次世界大戦（1914～1918年）前の1900年あたりから、1930

年代までは小さな変化はあるが、一定比率で推移し、第二次世界大戦（1939〜1945年）の時代に入る前に、最高所得階級に属する人の所得比がかなり低下しているので、高所得者の所得は相対的に低下したことを意味している。これは第二次世界大戦前における民主化路線が進行した賜物である。さらに戦後になると多少の変動はあるが、30％台の前半で推移したので、高所得者の所得は高くなることもなく低くなることもなく、一定であった。

第2に、フランス社会の特徴として、200家族というトップの富裕層がフランス経済を支配している、ということがよく言われる。すなわち最上位にいる少数の資産家・企業家が、戦前の日本における財閥が果たしたように、フランス経済界を牛耳っているのである。図9－2と図9－3はこの200家族における平均所得の変化と、所得全体に占める200家族の比率を示したものである。

この図でわかる意外なことは、戦前において200家族の平均所得が急降下したことにある。1910年代には900万フラン程度あった所得が、1940年代には200万フラン程度まで低下しているのであるから、かなり急激な下落である。なぜこのような不思議な現象が起きたのか、ピケティは2つの理由を挙げている。まずは第一次世界大戦（1914〜1918年）によってヨーロッパ全体、そしてフランスが経済的に弱くなったので、企業家と資産家の所得が大きく減少した。第2の理由として、統計データの出所であるこの時代の申告所得統計に不備があった。ピケティ自身この2つの理由のうち、よりどちらが妥当であるかを述べていないので、ここでも評価を

図 9-2　「200 家族」（分位 P99.99-100）の平均所得
（1900-1910 年および 1915-1998 年，1998 年フラン換算）

出所：Piketty（2001=2016: 162）。

図 9-3　所得全体に占める「200 家族」（分位 P99.99-100）の所得の割合
（1900-1910 年および 1915-1998 年）

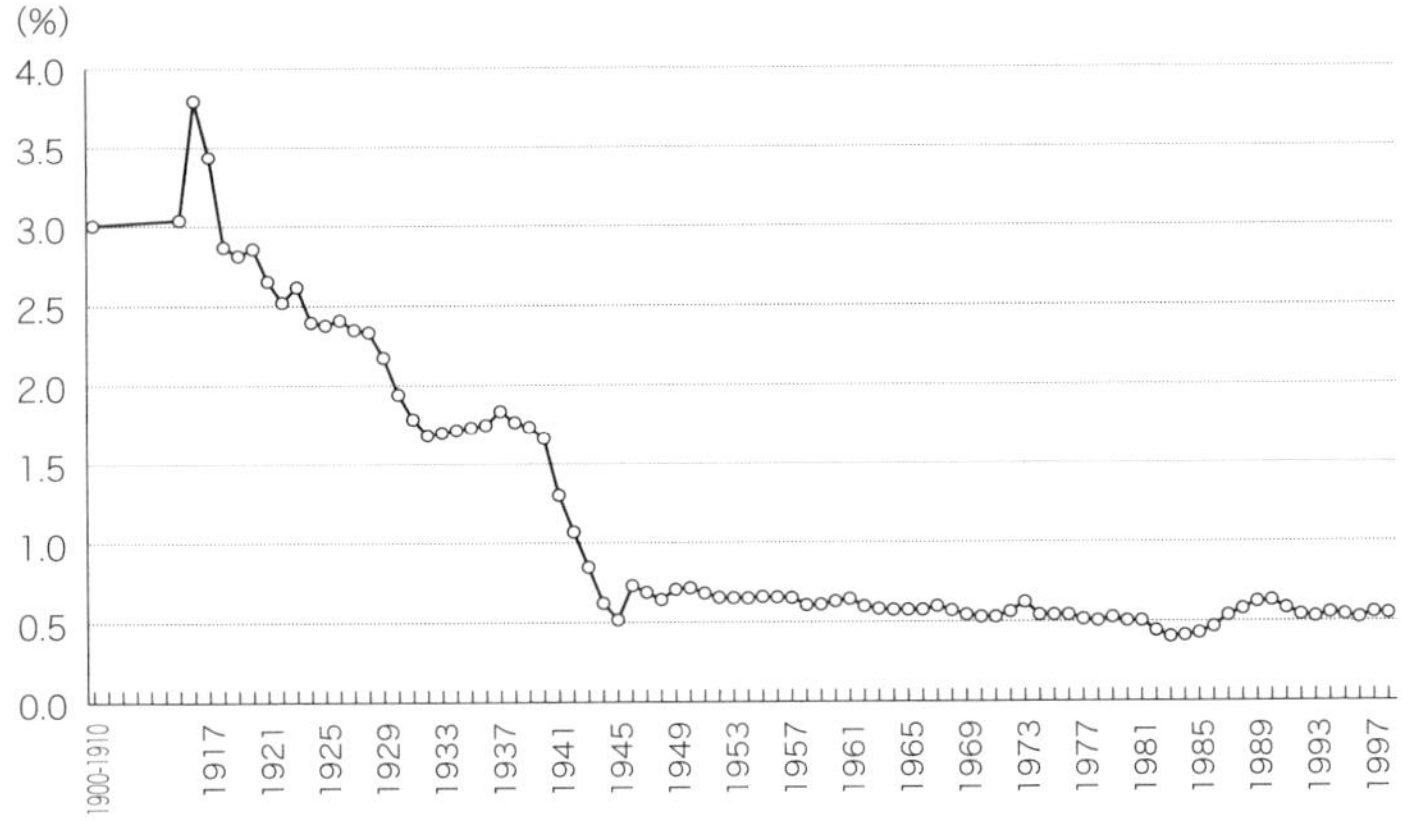


出所：Piketty（2001=2016: 162）。

避けておこう。

むしろ重要なことは、これら2つの図に現れていることで、戦前は200家族の経済力が低下したことと、戦後になってそれが増加もせず減少もせずで、経済力なり影響力は一定で推移したことにある。いわゆる200家族がフランス経済を支配する力はそのまま続いたということになる。

第3に、高所得者に関しても、超高所得者の所得増や、それらの人の資本所得が増加したことに注目したい。図9－4、図9－5は上位0・01～0・1%、上位0・1～0・5%、上位0・5～1・0%の高所得者の動きを示したものである。戦後であれば、0・01～0・1%という超高所得者の所得が上昇したことが明らかであり、超高額所得者の所得がますます高くなったことを示している。この事実はピケティがフランスに関して発見したことであるが、それが資本主義のほとんどの国で発生していることを後になって『21世紀の資本』で主張するようになる、先駆けの研究として価値ある発見である。

もっと重要なことは、第4に、ここでは図で示していないが、資本所得が総所得に占める割合が戦後では上昇中なのである。高所得者においては、彼らの保有する資産の収益率が高くなって、資本所得の額が上昇することによってその比率が急激に上昇中である。これは高所得者、同様に高資産保有になっている人が、利子、配当、地代といった資産からの収益によって計上される所得が急上昇していることを意味している。フランスでは富裕層がますます富裕化していることが明らかにわかるし、それを説明する有力な理由が後に紹介する、「r>g」の不等式の存在である。ここでr

図 9-4　「上流階級」(分位 P99-99.5, P99.5-99.9, P99.9-99.99)の平均所得（1900-1910 年および 1915-1998 年, 1998 年フラン換算）

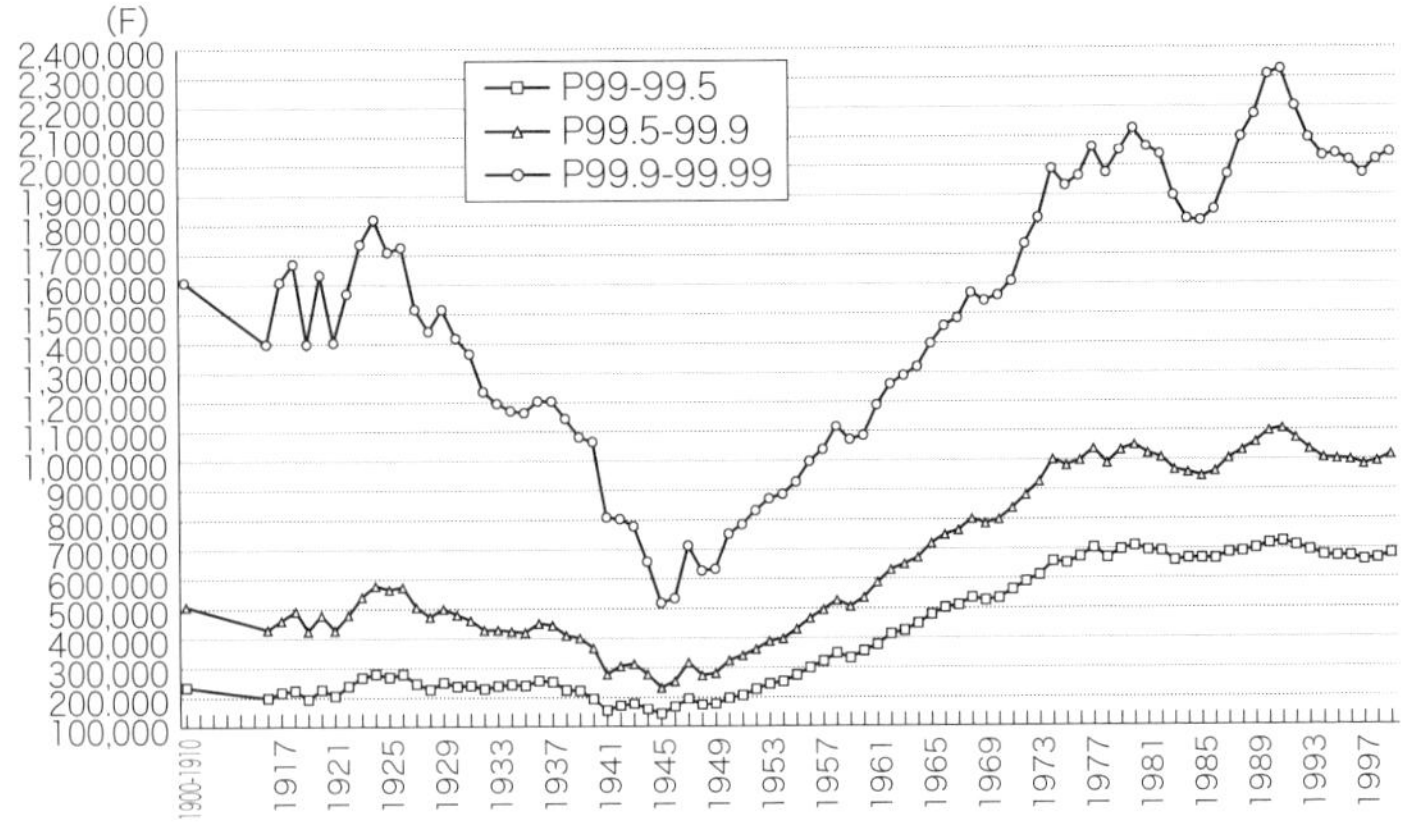


出所：Piketty(2001=2016: 186)。

図 9-5　「上流階級」（分位 P99-99.5,　P99.5-99.9,　P99.9-99.99）の所得が所得全体に占める割合（1900-1910 年および 1915-1998 年）

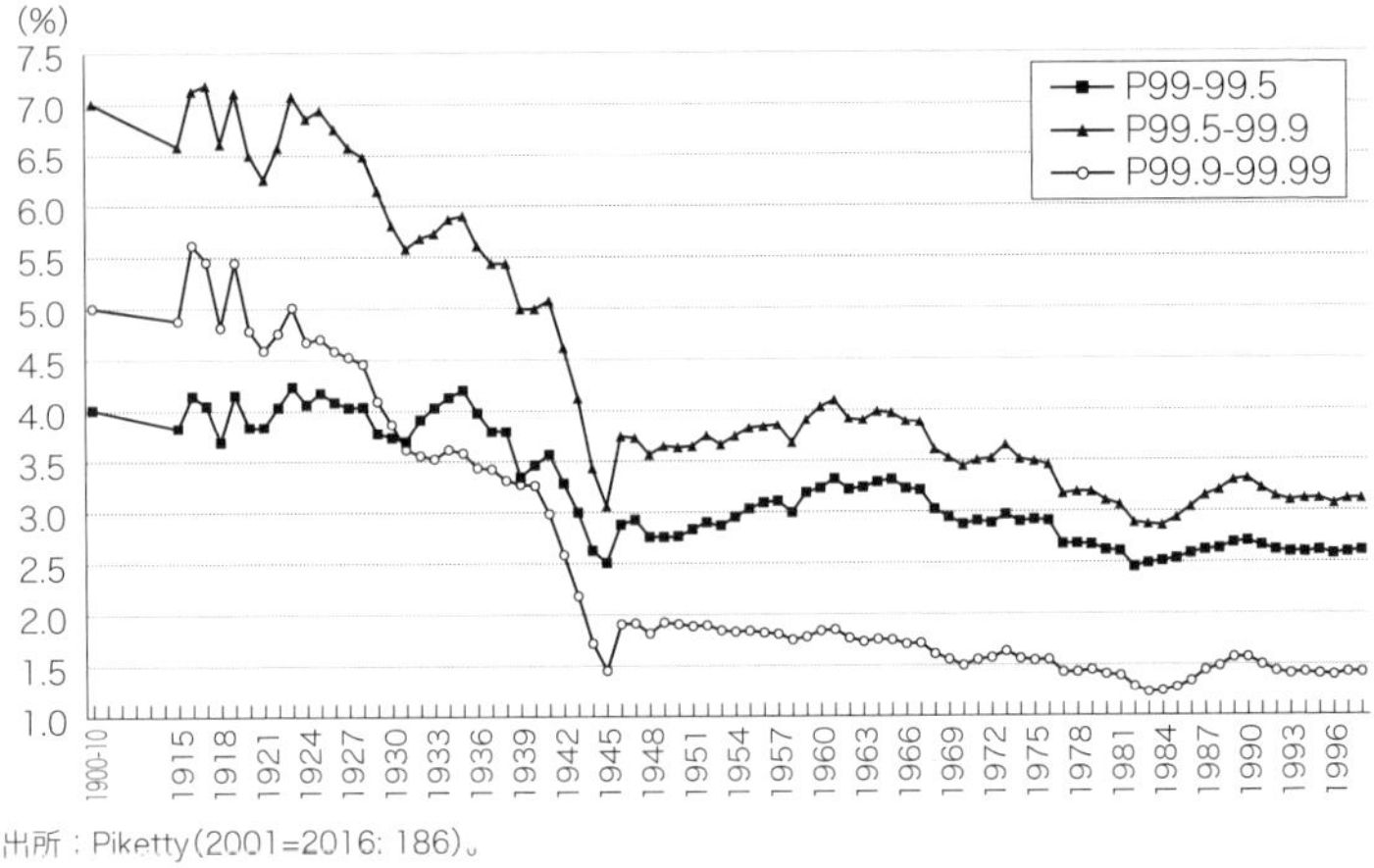


出所：Piketty(2001=2016: 186)。

とは資本（あるいは資産）収益率、gとは国民所得の成長率である。単純に言えば、資産を持つ人の収益率のほうが一般庶民の人（すなわち賃金などの成長率）より高いので、ますます高所得者と高資産保有者が富裕化するという資本主義の原理なのである。

第5に、所得税制度の変遷について述べておこう。課税後所得の分配に強い影響を与えるのは、所得税における累進性の強度である。高所得者に高い所得税率を、低所得者には低い所得税率を、ある一定以下の所得（課税最低限所得と呼ぶ）しかない人には税金を徴収しないというのが累進税制であるが、その程度がどれほどかというのが累進性の強度である。所得分配の平等性を好む立場からは強い累進度、平等性を好まない立場からは弱い累進度が選択される。戦後フランスの政治は、左右勢力が政権交代を繰り返してきた歴史があるので、社会党を中心にした中道左派政権の時代は強い累進度、保守政党を中心にした中道右派政権のときは弱い累進度という特色があった。そのことを確認するために、累進度の強弱を最も端的に表している最高税率の高さの変遷を見てみよう。

図9−6は1915年から1998年までの所得税の最高限界税率の変化を示したものである。つまり最も高い所得の人にどれだけ税を課したかである。かなりの変動、特に戦前において大きな、そして戦後において小さな変動を示しているので、政権の違い（すなわち右派か左派か）によって累進度に変化のあったことがわかる。フランス人にとってはどの時期が右派政権か、左派政権かが注目であろうが、日本人からするとどの政権かという名前までは興味ないであろうから、ここでは政権名は書かない。

図 9-6　1915-1998 年の所得税の最高限界税率

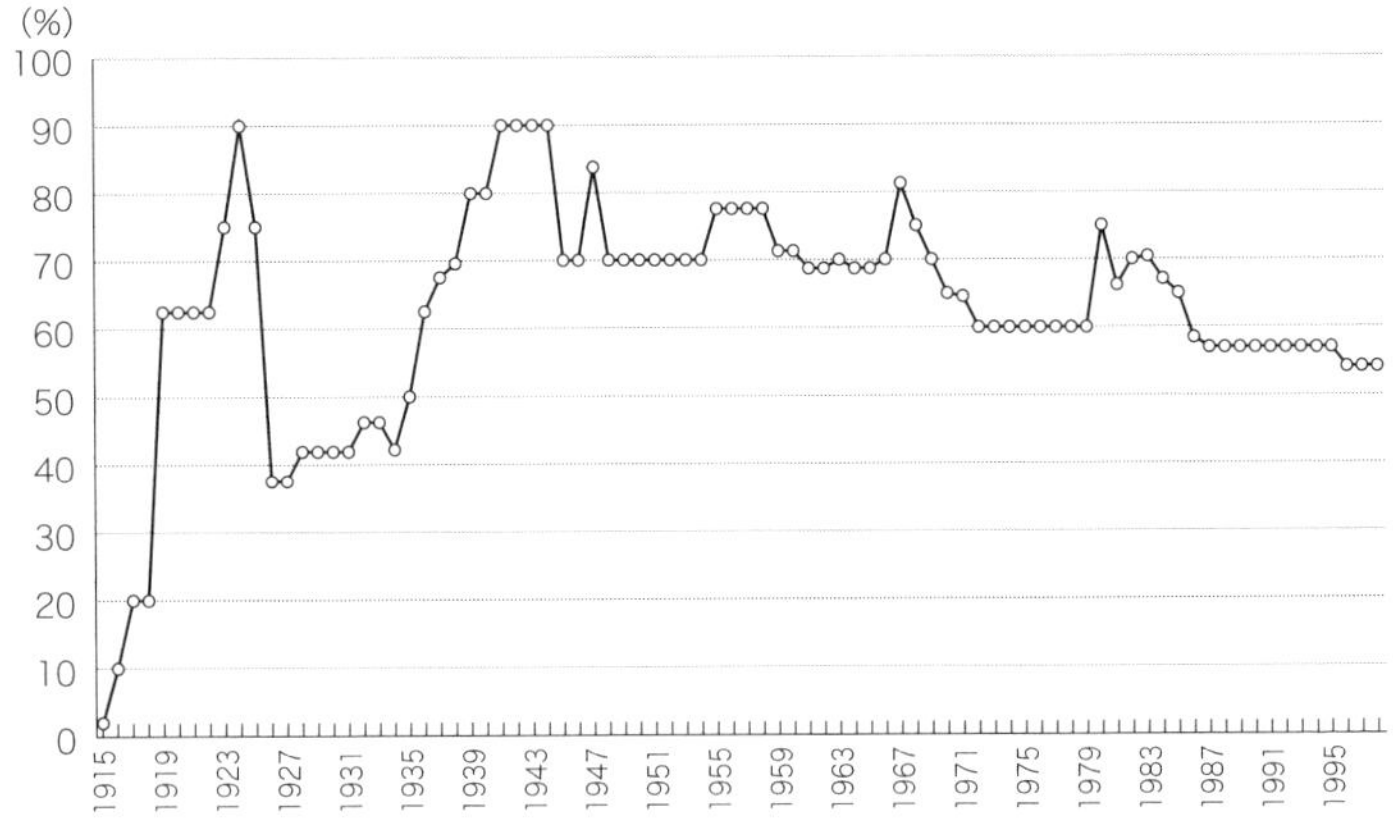


出所：Piketty（2001=2016: 418）。

この図で強調すべきことは、戦後の動向に関しては、多少の変動は見られるとはいえ、長期傾向としては最高の90％から50％台まで下降していることにある。すなわち最高限界税率の低下傾向は、戦後に関しては所得税による所得再分配効果が弱まったことを意味しているのである。高所得者から税金をあまり徴収しなくなった金持ち優遇策であり、これは国の所得格差を拡大することを促す。実はこの現象は戦後の多くの資本主義国で見られた現象であり、所得格差拡大の一大要因である。日本でもそのことは例外ではない。日本に関しては橘木（2016）参照のこと。

## 4　『21世紀の資本』の衝撃

マルクスの『資本論』に匹敵するかどうか、もう少し時間を待たねばならないが、『21世紀の資本』

という書物がフランスの40代前半（当時）の経済学者によって出版された。世界中の経済学者、政策担当者、マスメディアによって論評された。マルクスとピケティは両者ともに「資本」がキーワードであるが、2つの本には大きな違いがある。『資本論』は経済学の書物とはいえ、哲学的な分析に満ちており、いわば思想の本という特色がある。したがって、哲学的な思考に慣れていない人にとっては読むのに困難が伴う。一方の『21世紀の資本』は哲学的な記述はさほどなく、初等水準の経済学と多くの数字・統計に満ちており、読みにくさはない。

しかも今日流行の高等数学を用いた数理経済学の分析はほとんどないし、高等統計学を用いた計量経済学的な分析もないので、読みやすいのが大きな利点である。唯一の忍耐を必要とする点は、とても分厚い本を読み切れるかである。

なぜ一般の人々やマスメディアの注目をこれほどまでに集めたのであろうか。第1に先進諸国のほとんどが富や所得の格差拡大という現象を呈していることを、一般の人がなんとなく認識している時代になっているところに、本書の内容がそのことを真正面から取り上げて分析したからである。多くの人が「なぜそういう時代になったのだろうか」「その事実を放置してよいのだろうか」「対策はあるのだろうか」といったことに興味を覚えて、本書を繙いたのである。しかも専門知識を必要としない本というのも魅力となったのである。

現代のフランス経済学界を特徴づければ、これまで述べてきたように、数理経済学の牙城という感がある。これまでフランスは4名のノーベル経済学賞の受賞者を輩出しているが、3名が数理経済学者（すなわち、デブリュー、アレ、ティロール）であり、ピケティはその流れの中にいない。過去にケネーやワルラスを出したフランス経済学史上の巨人として、ピケティは名を連ねるかもしれない。

第2に、本書の記述はごく初等的な数表としてグラフを用いて議論を展開しているので、内容の理解が初級者にとっても容易であるという特色を有している。しかも、フランスやイギリスの歴史書や文学作品（代表的にはバルザックやジェーン・オースティン）、あるいはフランスの知的巨人であるトクヴィル、ブルデューなどの社会学上の仕事、そしてレヴィ＝ストロースなどの文化人類学上の貢献と関連づけている。いわゆるフランスにおける輝かしい学術の伝統に敬意を払っているので、経済学以外の人からも関心が持たれる理由となっている。

第3に、本書のカヴァーする時代が1789年のフランス革命前後から現代までの200年を超える長期の話題なので、歴史書としての価値がある。しかもフランスとイギリスに関しては、人々（特に高額の所得・資産保有者）の経済状況を示す統計と文書が豊富に残されており、それを丹念に掘り起こして詳細な分析をするという作業を行っているので、歴史書としての読み応えがあることも魅力となっている。フランスには「アナール学派」という庶民の生活の歴史を扱う歴史学上の一派がある。ピケティも英雄のことや政治史、戦争史を扱う普通の歴史書とは異なり、人々の生活を扱う歴史を分析したので、「アナール学派」に通じる点が評価された。

第4に、英仏のみならずアメリカ、ドイツ、日本、スウェーデンなどを代表にして、その他の資本主義諸国約20か国の所得と資産の流列に関心を寄せて、国際比較を行っているので、全世界の人から興味を持って読まれるという特色を有している。

これに関して、個人的な体験を書くことを許していただきたい。日本の経済学者として日本経済の分析をするのは当然であるが、その論文を英米の学術誌に送ると、掲載を断られることが多い。しかし、英米経済との比較を加えた論文は掲載されることが多くなった。外国の人は自国のことが比較研究の対象になっていれば、関心を持って読む可能性が高まる。ピケティの書物は20か国が研究対象になっているので、それらの国の人々からも関心を寄せられたのである。

第5に、200年以上の長期間を扱うだけに、その間に出現した経済学者や経済理論を積極的に取り上げて、詳細に検討した魅力がある。経済学者としてはマルサス、リカード、ハロッドというイギリス人、マルクスというドイツ人、そしてクズネッツとドーマーというロシア生まれのアメリカ人による経済学が議論の対象となっている。フランス人の経済学者の名前も出てくるが、私たちが慣れ親しんだ名前はさほど出てこない。マルクスは一世を風靡したマルクス経済学を起こした人であるが、その思想には与せず、格差の関係を実証したいわゆる「逆U字仮説」として有名なクズネッツの所説を対象にしており、ここにピケティの独自性がある（経済学史に関しては、橘木（2012）参照）。

第6に、英訳本の出現が大きかった。特に英訳本がスティグリッツとクルーグマンというアメリカ人、ともにノーベル経済学賞を受賞したリベラル派の優れた経済学者がピケティの書物を絶賛したので、大きな関心を呼び起こしたのである。もとより保守派の論客からピケティの本への批判が出現しているので、本書は政治、思想、哲学とも絡んだ論争を巻き起こしている。

それにしても残念なのは、現今ではフランス語だけの出版であれば本書はこれほどの全世界的な注目を浴びなかったかもしれず、英語が学術、文化、社会、経済を独占している状況が浮き彫りとなったことである。過去においては、ケネーやワルラスなどによるフランス語の経済書を英米人を含めた世界の人はフランス語で読んでいたのであるが、今では英訳本が出てから読まれる時代なのである。日本語は最初から世界語になることをあきらめていたのでどうということはないが、少なくともフランス語はそうであっただけに、筆者のように多少のフランス語やフランス文化に親しんだ者からすると、フランス人の悲しみがわかる次第である。これに関しては橘木（2019a）を参照されたい。

1つだけエピソードを述べて、英語独占の悲劇を記しておこう。2015年の1月にピケティは来日して、講演やマスコミの取材に応じた。日仏会館主催（フランス大使館後援）で彼の講演会が実施された。筆者はその場で討論者として呼ばれていた。主催者側はピケティがフランス語で話すと予定して、日仏語の同時通訳を用意していた。しかし彼は突如として英語で話すと申し出て、急遽日英語の通訳者に変更となった。日仏会館の行事にフランス人が話すとき、講演者が英語で話すのはきわめて異例であり、主催者の慌て振りは大きかった。しかも駐日フランス大使も一番前で聞く会議だったのである。ここで筆者はフランス語の凋落を身をもって体験したのである。ピケティの言い分は、日本人の聴衆にとっても英語のほうがなじめるだろう、というものであった。しかし彼の英語の発音は、フランス人特有のわかりにくさがあり、フランス語で話したのを日本語に通訳したほうがよかった、との声があった。

## 5 内容

ピケティの最大の関心は、経済変数の中でも資本、あるいは富がどのように蓄積されているかにあり、まずは資本ないし富のデータを200年に渡って解析して、富の額の変動に注目する。これらの資本額を国民所得と比較して、資本／所得比率（β）の変動に最大の関心を払う。この値が大きいと資本蓄積が非常に進んだ時期であり、小さいと縮小の時期とみなす。そしてその比率を200年間にわたって観測すると、第一次大戦と第二次大戦の間と第二次大戦後のしばらくの間はβが小さかったが、それ以外の時期はβが大きかったことを示した。すなわち、U字曲線を描いていた。

第一次大戦以前と1980年以降の両時期は資本の蓄積が進んだのであり、資本格差の目立つ時期なのである。2つの戦争によってβの減少した理由は多くあるが、次の3つに要約できる。第1は、戦争による資本破壊である。工場やオフィス、道路や建物の破壊がその理由である。第2は、戦後の高いインフレーションによって資産の実質価値がかなり減少した。第3は資本を含めた諸変数の税率がかなり高くなったからである。現代の大きな格差の存在は、これらのことが消滅して、資産課税率の低下という新しい政策が1980年以降に生じたことで説明できるのである。

もう1つの重要な事実は、資本の保有構成に注目すると、トップ10%やトップ1%の資本保持者の資本保有額が総資本保有額に占める比率に関しては、第一次大戦以前はそれが、西欧では70〜80%と30〜50%の高さだったので、富の集中が進んだ時代であった。とはいえ、第二次大戦までとその後しばらくは富の集中が和らいだ。しかし、1980年頃からその比率が再び上昇に転じ、資本の格差(あるいは集中度)が拡大中である。資本/所得比率(β)と資本集中度は時期で見ると同じ動きを示しており、現代における富の格差拡大が読み取れるのである。このことが格差の時代になっていることの証拠であるとして、ピケティは警鐘を鳴らすのである。

ピケティはこれらのことを説明する理論的な根拠として、ハロッド・ドーマーの成長理論を応用する。すなわち、β=s/gの式であり、ここでsは貯蓄率、gは国民所得の成長率である。ポストケインジアンの成長理論として有名な、比較的単純なハロッド・ドーマーの考え方は、ハロッド自身の用語にしたがえばK/Y=s/gという式のほうがなじむかもしれない。ここでKは資本、Yは国民所得である。これらの変数が重要な役割を演じるのであり、単純でわかりやすい成長論で分析するので、ハロッド・ドーマー理論の応用には違和感はない。

もう1つ重要な式は、α=r×β(ここでαは資本所得/国民所得比率、rは資本収益率を表す)という会計式である。ここでピケティは、(r>g)という関係が多くの時期で成立することを統計で確認した上での根拠に基づいて、富の格差の拡大が進行する、と主張する。第一次大戦と第二次大戦の間と第二次大戦後のしばらくの時期は、逆に（g>r）が成立していた可能性があるので、格差は縮小したかもしれないのである。ちなみにピケティは、rの値は多くの時期で4〜5％、gの値はせいぜい1％前後の観測値を主張しているので、（r>g）が多くの時期で成立していると見なしている。

このようにして現代は資本の蓄積が進み、労働所得の伸びよりも資本所得の伸びが上回り、結果として資本（富）の格差の拡大がますます進行しているのである。そしてその資本（富）は世代間で相続されるので、富める者の地位は世代間で継承されていることを「世襲資本主義」と称している。資本主義国の資本の動きに最大の関心を払ったピケティは、格差拡大は正義という点からも好ましくないとして、それを阻止するための手段としてr（資本収益率）の下降を期するために、国際的な協調の下で資本（富と見なしてよい）への課税強化と、相続税の強化を政策として主張する。

ここまではピケティの理論と実証の解説であった。ここで彼の実行した実証研究を詳しく紹介して、いかにその成果が衝撃的であったかを知っておこう。それらは『21世紀の資本』の中で提出されたいくつかの図表で示される。

まずピケティは、資本主義は資本・所得比率の増加を格差社会の1つの象徴と見なしたので、その統計を確認しておこう。図9－7は、世界の資本、所得比率の動向をほぼ200年の長期にわたって示したものである。

第一次世界大戦後にこの比率は減少を示したが、これは彼の理論式（r<g）が成立していた時代と見なせる。第二次世界大戦後は一貫して資本・所得比率の上昇が見られている。これはこの時代に

図 9-7　世界の資本／所得比率　1870-2100 年

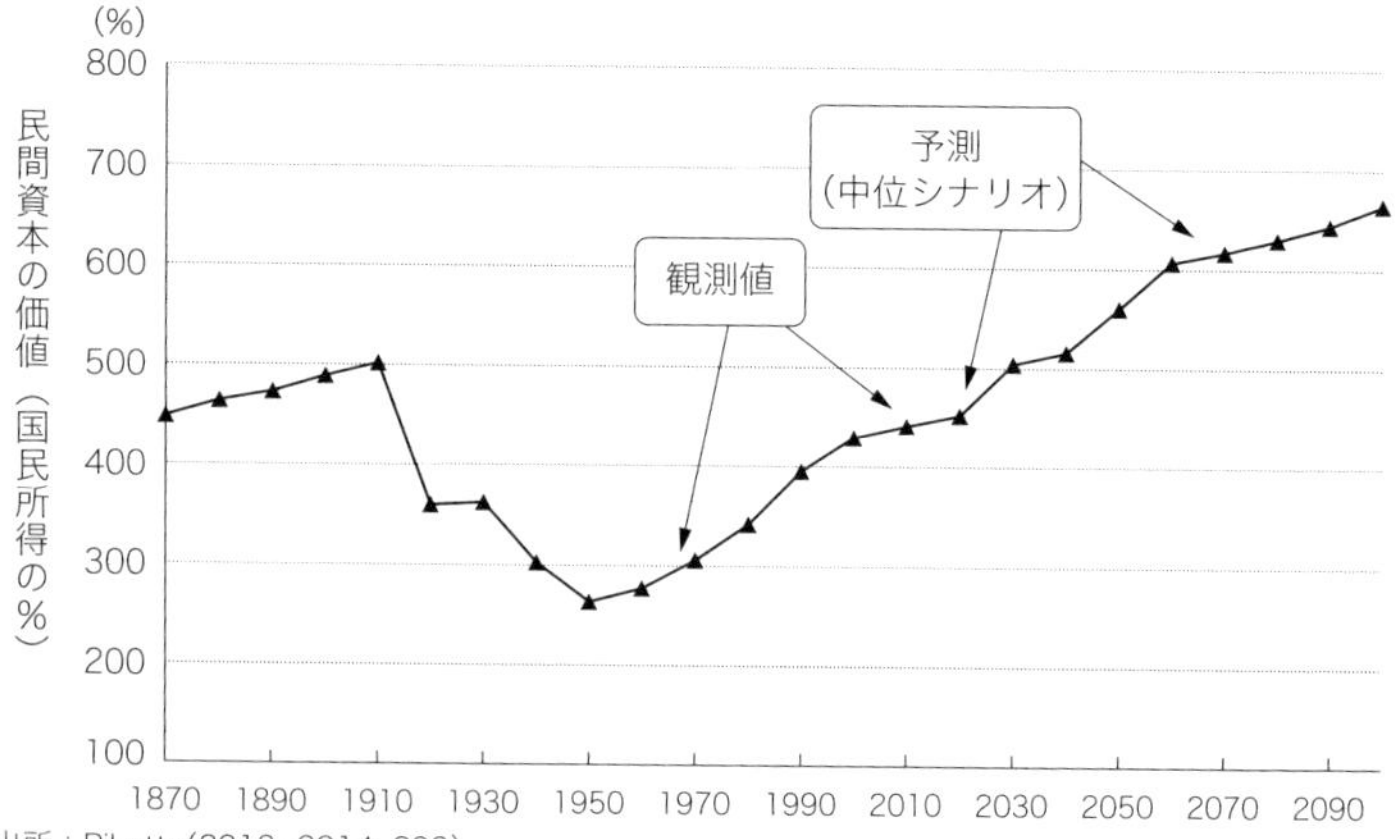


出所：Piketty(2013=2014: 203)。

（r>g）が成立していたことの証明にもつながる。

最も興味深い事実は、2020年以降の2090年までこの資本・所得比率は上昇の傾向が続くであろうと予想されていることでなる。すなわち格差社会は今後も続くであろう、と予想できる。もっとも、たとえば戦争とか大事件がこの時期に起こると、この上昇傾向の予想は当たらない可能性は残されている。

1つの大事件候補は2020年に発生した新型コロナウイルスによる世界経済への大きな打撃への効果がある。アメリカでおよそ100年前に発生した「ウォールストリート株下落」に端を発した世界大不況に似た効果と同じかもしれないが、今の時点でその効果を予想するのは時期尚早と思われる。

次の図9-8と図9-9は、国民の中でトップ1%の高所得者の国民全員の総所得に占める比率を各国別に示したものである。これらの図によりアメ

図 9-8　アングロ・サクソン諸国での所得格差　1910-2010 年

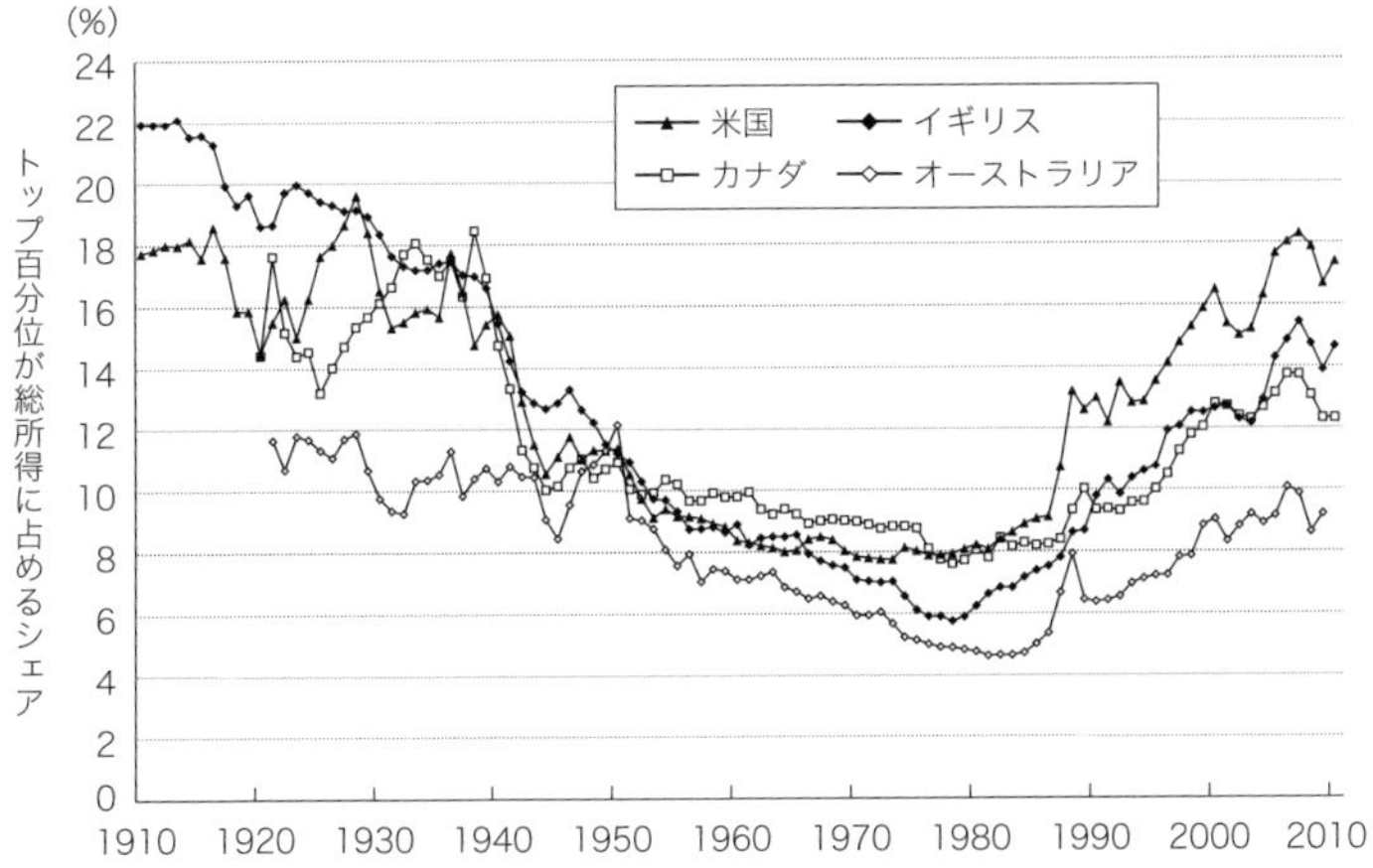


出所：Piketty(2013=2014: 328)。

図 9-9　大陸ヨーロッパと日本での所得格差　1910-2010 年

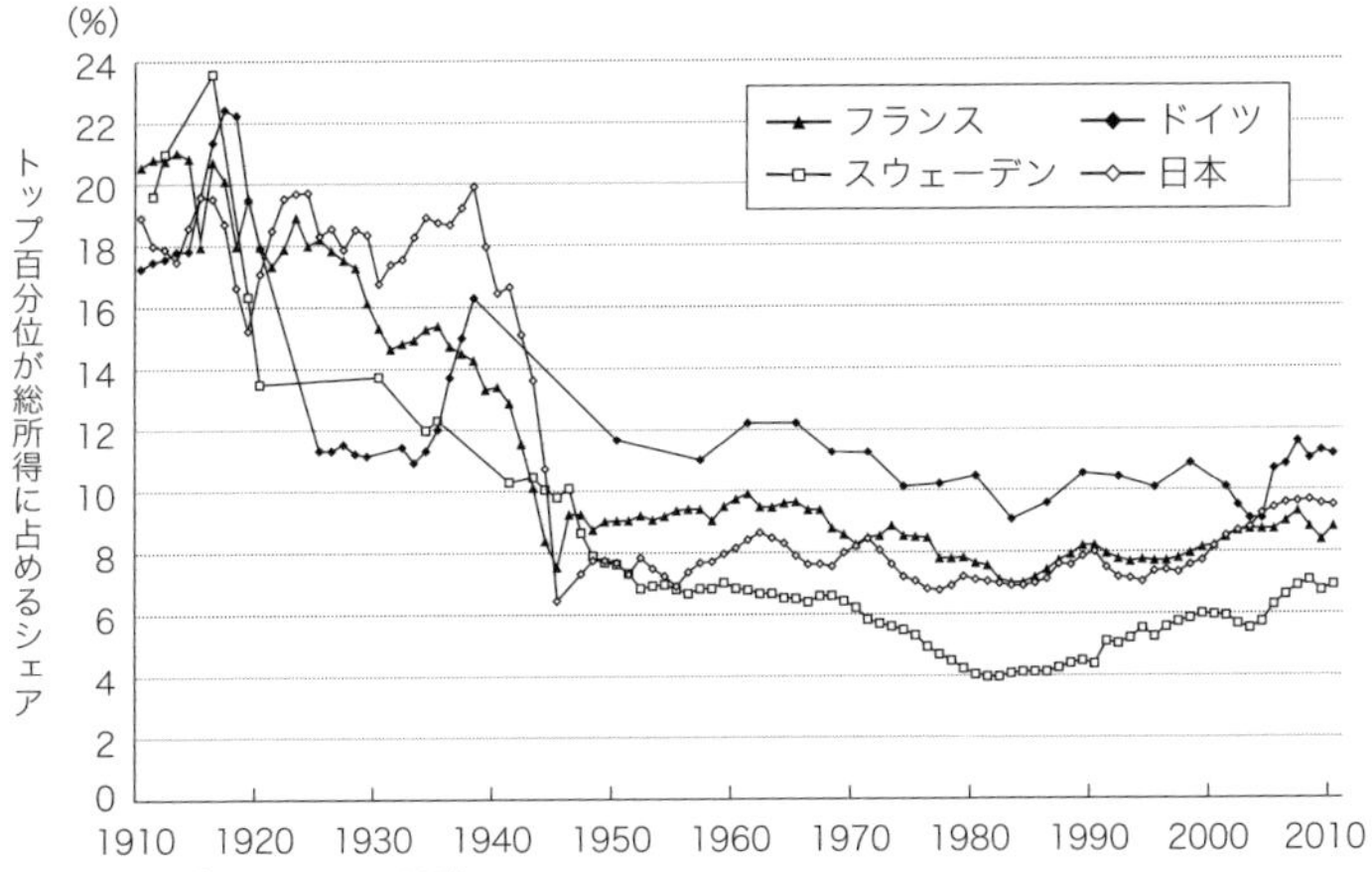


出所：Piketty(2013=2014: 330)。

リカ、ヨーロッパ、日本という3地域別に、その動向がわかる。

高所得者が他の国民と比較してどれほど高い所得を得ているかの指標である。第一次世界大戦前後は、ヨーロッパと日本がほぼ同水準で、アメリカがほんの少しであるが低いという状態は、この時期のアメリカは意外と平等社会だったということを示唆していて興味深い。

戦争後はほとんどの地域で高所得者の所得が低下したので、どの国も高所得者の目立ちぶりが低下していたことを示している。戦争中と戦争後はそれが最も低下したので、平等社会であったと理解してもあながち誇張ではない。第二次世界大戦によって、ほとんどの国民が経済的に大打撃を受けたからである。

ところが1980年代あたりから様相が一変した。高所得階級の高所得ぶりが特にアングロ・アメリカン諸国で顕著になったのである。まさにこれはピケティの言いたいことであり、高資産保有者と高所得者はその経済的な優位性をますます際立たせるようになったのである。それは経営者層を中心にした人々の高所得額をますます増加させたのであり、それは資本主義社会の宿命である、とのピケティの主張を裏付ける統計と見なされるのである。

もう1つ興味ある点は、1980年代以降において、3つの地域の格差拡大の程度にかなりの違いが見られる、という点である。アメリカとイギリスが最も高所得・高資産家の富裕化の進んだ国であり、次いで日本、そして最後にイギリスを除いたヨーロッパという点である。

アメリカは資本主義の盟主であり、そこでの経済的な成功者の保有資産と所得の額は非常に高い

図 9-10　ヨーロッパと米国における所得格差　1900-2010 年

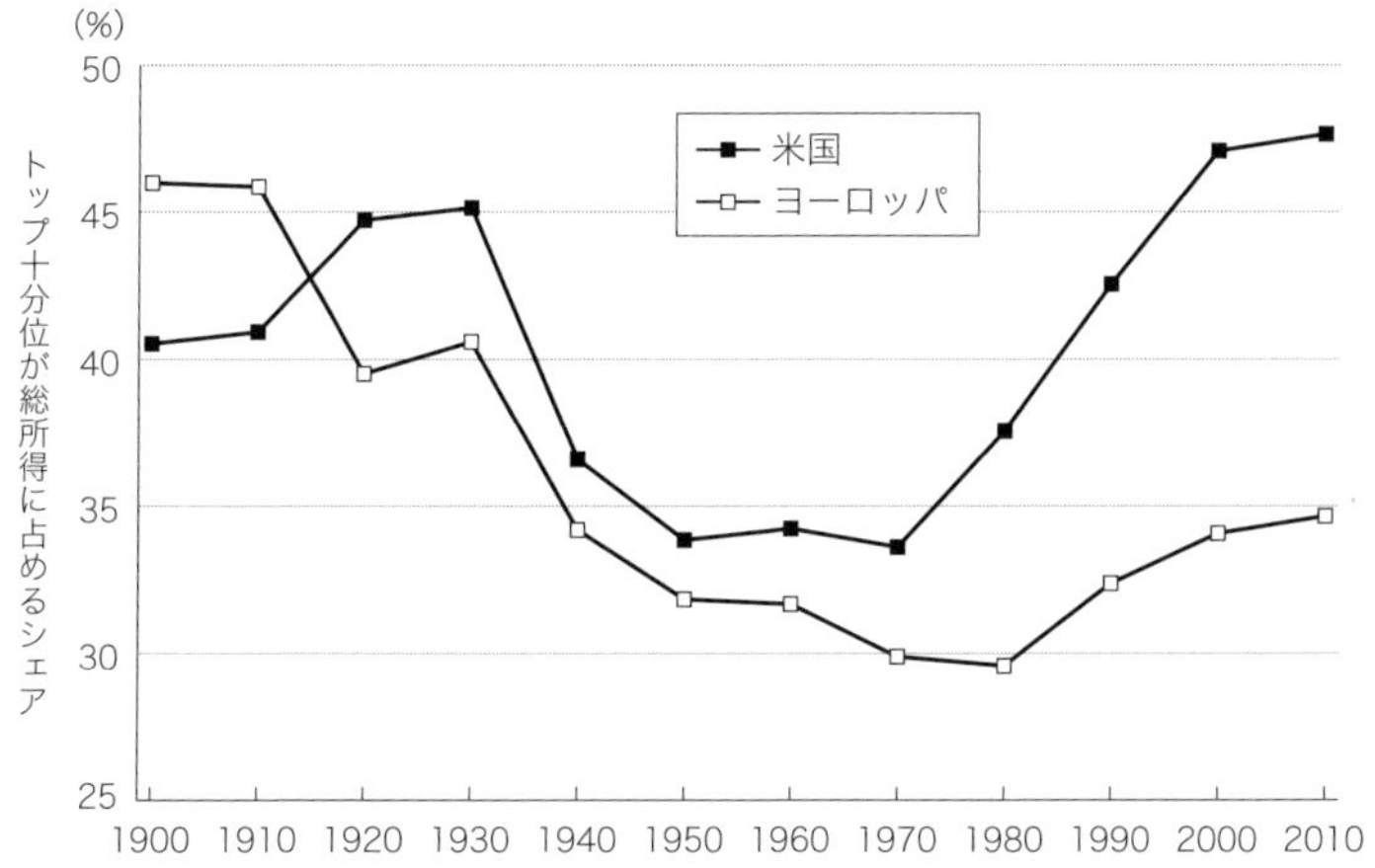


出所：Piketty(2013=2014: 337)。

ことは、今になって多くの人が認知するところであり、それをこの図は証明していると見なしてよい。ヨーロッパのいくつかの国よりも日本のほうが富裕層の目立っている姿には驚く人もいるかもしれない。資本主義の盟主アメリカに続いている資本主義の日本、という解釈が成立している。一方のヨーロッパは、国によっては社会民主党政権の国があるので、大幅な格差拡大を願わない政治の情勢があり、最近においてはヨーロッパの平均をアメリカほどの格差社会にしていない。それを明確に知るために、図9－10を示す。これはトップ1％ではなく、トップ10％の所得シェアで示されているのに注意されたい。

　これらの事実により、日本はヨーロッパの平均よりも格差が大きいと、特に最近に関して言えそうである。

図9－8と図9－9の事実をもっと端的に示す

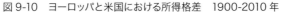

図 9-11　『フォーブス』による世界の億万長者　1987-2013 年

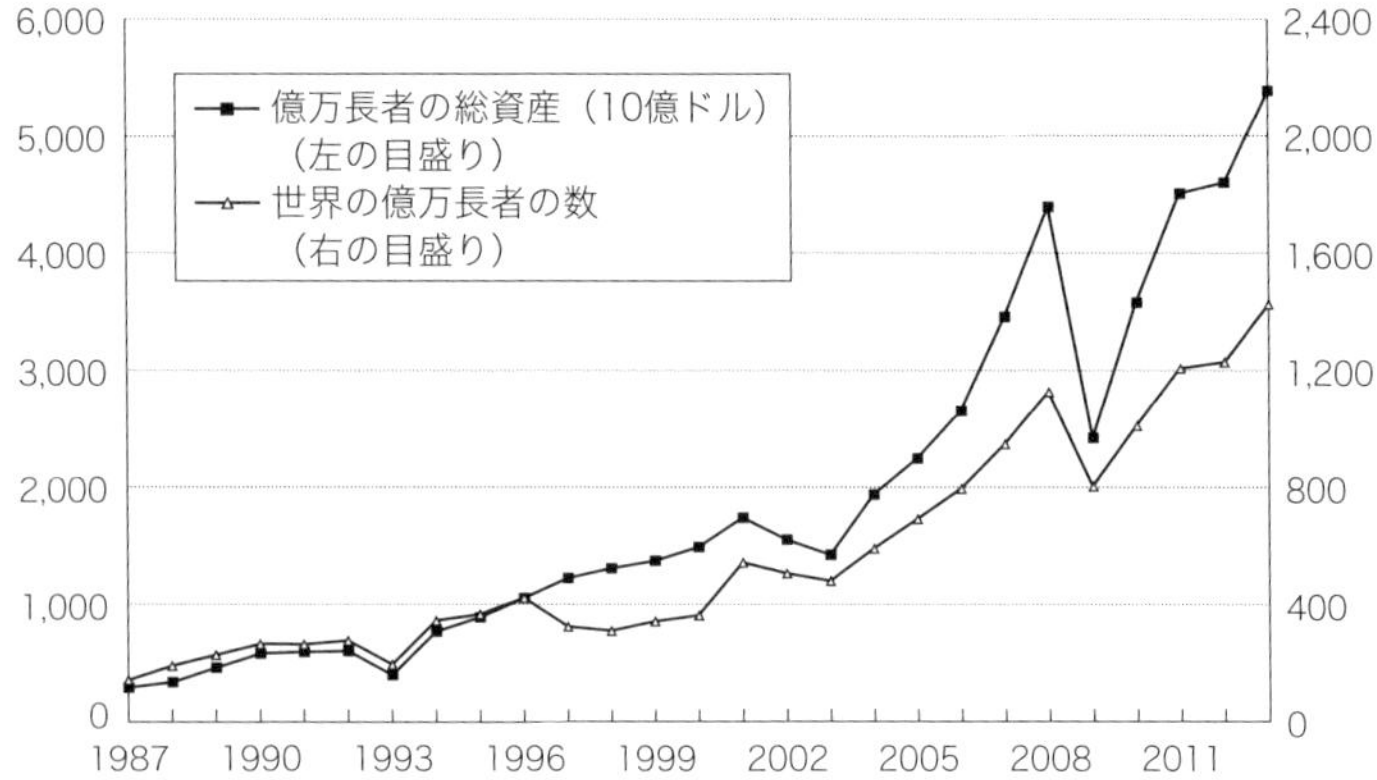


出所：Piketty(2013=2014: 450)。

のが図9－11である。世界の億万長者の数とそれらの人の資産額の伸びを示した図である。ここ25年ほどの動向がわかる。

まず人数で見ると、140人から1400人というようにおよそ10倍も大富豪が増加しているし、その総資産額も3000億ドルから5・4兆ドルという、ものすごい額の増加である。どの国の人が大富豪であるか、最も多くを輩出しているのはアメリカだろうと誰もが予想するだろうが、それは間違いない予想である。

## 6　評価

比較的単純な経済理論を用いながらその帰結を現実の統計に当てはめて、富の格差が拡大している現状を明らかにし、かつその理由をうまく解析・説明しているので、本書の価値は非常に高い。日本は格差社会に入っていると主張してきた筆者にとっても、ピケティが私たちに提出した理論、実証、政策提言はきわめて新鮮であるし、妥当でもある。

何が新鮮であるかといえば、分析の主眼を資本、あるいは富の動向と経済成長率の関係に特化したことにある。世の中で格差が出現する最大の証拠は、資本を持つ人がそれを全資本の中でどれだけの比率で保有しているかであり、それが格差の象徴となる。やさしく言えば、お金持ちが世の中にどれほどいるのか、そのお金持ちはますます裕福になっており、そしてそのお金持ちは世代を通じて（すなわち相続）、なぜお金持ちであり続けるのかを明らかにして、世の中は格差社会にいるのだ、と言っていることになる。

これまでの格差論は、高所得者と低所得者の所得格差の大きさや、貧困で苦しむ人がどれだけ世の中にいるのか、といった点に注目してきた。前者に関しては、たとえばジニ係数といった統計指標を用いて、全国民の所得分配の全体像を分析してきた。後者に関しては、たとえば国民の何％が貧困者であるかという貧困率（絶対的貧困ないし相対的貧困）の動向を用いて、格差社会を分析してきたのであった。

ピケティは国民全体の格差の状態を知ることよりも、富裕者の動向を知ることのほうが、格差の実態をより明確に知ることができる、としたのである。その有力な根拠は、資本保有が経済成長に与える効果が大きいからで、そのための資産分配と実体経済との関係に注目することが可能になることを、まず第一に重要なことと考えるのである。

たとえば貧困者のことを分析しても、これらの人はほとんど資本なり富を有していないので、経済成長への影響はないか小さいと考えてよい。そうであるなら、富と実体経済の成長との関係を分析するには、富を持つ人のことをよく知ることに価値がある。ピケティのこの意図を否定する気はない。そして、彼は富を多く持ちすぎている人を否定的にとらえているのに賛成する。

しかし現実には世の中に貧困者は存在している。生きるための所得が十分にない人の存在は無視できないのであるから、格差論を語るときは貧困者のことを分析することも、富や資本のことを分析するのと同等に重要なことではないだろうか。一国の格差を論じるときは、ピケティのように資本に注目した富の分析と、たとえば貧困者のことを分析したもの、その2つを同時に考慮することによって、格差の全体像がより明白になるものと言えるのではないだろうか。

## 7　ピケティを日本の立場で考える

ピケティの本は世界の先進諸国において所得格差、資本格差が拡大中であることを主張したが、その中に日本も含まれているので、日本も格差拡大中であると主張している。日本が格差拡大中であることはほぼ15年ほど前に橘木などによって主張され、賛否両論があったが、格差拡大中という事実への反対論は強くなかった。むしろ日本での反対論は、①格差拡大の原因に注目すれば人口の高齢化が要因なので、拡大の意味はそう深刻なことではないとか、②格差拡大そのものは経済効率性を高めるためにはやむをえないことだ、の2つに凝縮される（これらに関して橘木（1998, 2006, 2016）参照）。

ここでピケティの登場である。ピケティの分析手法は本講で強調したように、資本所得や富の集中度に注目する。そして資本や富を多く保有する上位の人々の所得や資産の額が、国民全体の総所得額や総資産額に占める比率が高くなっていることを統計で確認して、格差拡大が発生していると主張する。この指標に基づくと、日本は英米を中心とした西欧諸国よりやや低い程度で格差が進行中ということになる。換言すれば、格差拡大が進行中の日本ではあるが、アメリカと比較すればそれほど深刻な格差拡大ではないということになる。

これはピケティの関心と分析手法から得られることであることを強調しておきたい。なぜならば、まずピケティは資本所得に最大の関心を払っているし、所得や富の分布に関しても上位の1%ないし10%のみに関心を寄せて、下位50%という低所得者や低資産保有者に関しては、1つのグループとしてしか扱われていない。換言すれば、下位50%にいる人の間における分布ないし分配、たとえば所得が極端に低い貧困者とか資産保有ゼロの人々は関心の対象外なのである。人数でいえば、下位50%にいる人のほうが、上位の1%や10%の人より、はるかに多いのである。これら50%の多数派が、どういう格差の中にいて、どういう生活をしているのかも大切な分析事項である。

日本の格差問題の深刻さは富裕者がいかに高所得や高資産を保有しているかという動向よりも、貧困者や資産ゼロの人々が多数存在することによって、鮮明に出現しているのである。最もわかりやすい指標は、貧困率の高さで象徴されている。ＯＥＣＤ諸国の中では日本は15％を超す貧困率であり、主要先進国の中ではアメリカに次ぐ第2位の貧困率の高さである。

格差問題を考えるとき、高所得者や高資産保有者が増加しているとか、それらの人の所得額や資産額が高くなっていることに注目するのか、それとも日々の生活に苦しんでいる貧困者の数が増加しているとか、保有資産額がゼロとか負債を抱えている人が増加していることに注目するのか、論者によってどちらをより重視するかは異なっている。ピケティのように高所得者ないし高資産保有者に注目すると、実体経済における経済成長率の動きと関係づけられるというメリットがある。筆者とはいえ、低所得者や貧困者、あるいは資産ゼロの人々も経済生活を送っているのである。筆者は橘木・浦川（2006）、橘木（2015a）のようにこれらの日々の生活で苦しんでいる人のことのほうが、格差問題を考えるときにはより重要な側面ではないかと判断しているので、ピケティの成果と低所得者の実情の双方を考慮して日本の格差問題を考えたいと思っている。

さらに、ピケティの分析手法に基づいて、日本の富の現状を解析することの必要性を痛感するが、イギリスやフランスのように２００年以上の長期間にわたっての所得や富のデータは日本では蓄積されておらず、せいぜい明治時代に入ってからのデータが一部の地域で断片的にしか存在していないので、全国ベースでの分析は困難である。

戦後の高所得者に関しては橘木・森（2005）、橘木（2017）で行ってみた。日本で高所得は誰であるかといえば、創業経営者、大企業の経営者、開業医ということになる。特に高い所得を得ている人は、孫正義（ソフトバンク）、柳井正（ユニクロ）、三木谷浩史（楽天）といった創業して成功した経営者である。しかし、アメリカの大金持ちの資産や所得の額と比較すると、日本における100億円ほどの所得はまだかなり低い。ちなみに、これらの人の所得のうち、大半は自社株保有に対する配当金支払いで占められている。なお、ピケティはアメリカの経営者の所得は高すぎると批判している。

庶民感覚からすると100億円の所得を何に使うのか素朴な感情はあるが、日本ではこういう高所得者への批判はそう強くない。その証拠として、日本では最高所得階級への所得税率が低下している事実を指摘しておこう。30年前は70〜80%だった所得税率が、今では45%ほどに下げられており、お金持ち優遇の所得税率である。国民はこの所得税率の低下策に強い反対の声を上げなかったのであり、お金持ちの存在を暗黙の内に容認しているとも理解できる。

## 8 『21世紀の資本』への論者からのコメント

ここでピケティ『21世紀の資本』に向けられた書評などで見られた批判をいくつか取り上げてみよう。「マルクスの『資本論』を読んだことはない」と述べているピケティであるが、その主張は一見格差の存在を罪悪視するマルクス主義経済学と相通じる点がある。そこでマルクス経済学からの批判がまず目立つので、それをここで考えてみよう。

まずは、マルクス経済学の一派として「分析的マルクス経済学」という学派があり、『資本論』のように唯物史観に基づいて、それほど数学的な分析をしないのがマルクス経済学の伝統であるが、分析的マルクス経済学は数学を用いる。ローソン（2015）は数学を用いた経済学者なので、彼の批判は非マルクス経済学からも注目される。

ローソンは、生産関数における資本と労働の代替の弾力性（σ）が1より大きいことをピケティは前提にしているが、現実の経済における弾力性の値は1より小さいので、ピケティの前提は非現実的であるとする。代替の弾力性とは、生産の現場において資本（機械類を想定すればよい）と労働がどの程度置き換えられるかに注目した概念である。わかりやすく言えば、機械の導入が進めば（遅れれば）どの程度の労働が削減（増強）されるかの指標であり、その弾力性の値が1より大きければ、ますますそれが進むのに対して、逆に1より小さければそれが進まないのである。

ピケティの結論の1つは「r>g」を導出したのであるが、それは資本と労働の代替の弾力性（σ）が1より大きいのが前提であった。もしσが1より小さければ上の定式（r>g）の成立しない可能性がある、とローソンは導出・主張したのである。もしローソンが正しければ、ピケティの理論は成立しないことがありうるのである。

ピケティもローソンも理論的には正当なことを主張しているのであり、結局は資本と労働の代替の弾力性の値が、現実の経済で観測されるときにどれほどの値であるかに依存することになる。経済学による実証研究では、σの値は1の値に近く、やや専門的になるが生産関数ではコブ・ダグラス関数を想定すればよい、ということになっている。そうするとピケティもローソンも間違ったことを言っていない、ということが言えようか。

さらにピケティも統計で示しているように、時代によって（$r>g$）の成立するときと、（$r<g$）の成立するときがあるとしているので、$\sigma$の値も時代によって異なっているのでは、という解釈もありうる。

非マルクス経済学者であるアメリカ人のクルーグマンは、ピケティの分析（すなわち$r>g$）によってのみ金融資本家の高所得を説明すると主張するのには無理があって、アメリカにおける過度の金融取引の自由化策もあるのではないかと疑問を呈した。ピケティもそれを認めているので、ここではこれ以上言及しない。

マルクス経済学からの批判として代表的なのは、伊藤（2015）やハーヴェイ（2015）で主張されたように、ピケティとマルクスでは資本の概念（あるいは定義）とその計測法が両者で異なるというコメントにある。具体的にどういうことかといえば、マルクスにおける資本とは生産の際に使われる資本を念頭において分析を行っているのに対して、ピケティでは経済にあるほとんどの資産（すなわち土地、家屋、金融商品、機械など）を資本と見なしている、とのコメントである。

『資本論』を読んでいないピケティであれば、マルクスの想定する資本を知らなくとも仕方のないことであり、逆にマルクス経済学に精通した論者であれば、マルクスの想定する資本の概念で分析を行ってほしい、とするのは、これまた当然の思いである。

こう評価すれば、ハロッド・ドーマーの成長論から出発したピケティの分析は、非マルクス経済学の伝統の中にある資本の概念なので、その限りにおいてはマルクス経済学者のコメントを気にする必要はない、ということになろうか。逆に言えば、マルクスの資本概念に立脚して、ピケティ流の分析をマルクス経済学者が行って、その結果がピケティのものと異なるかどうかがわかれば、経済学の発展には大きなものがある。

## 9　資本とイデオロギー

2019年の9月に、ピケティはフランス語で *Capital et Idéologie* を出版した。すぐに英語版が2020年の3月に出版された。それぞれが1200ページ、1100ページの大著である。日本語版はいずれ公刊されるであろうが、ここでのまとめは英語版に依拠する。この書物は経済学の書物というよりは、歴史学と政治学の本としたほうが適切である。世界的なベストセラー『21世紀の資本』では、不平等あるいは格差という問題を経済学として分析し、今回の本も不平等が主たるテーマではあるが、歴史の視点から不平等がどう進展してきたかを分析することと、不平等にはイデオロギー、そして何よりも政治の役割が大きいことを主張したかったのである。

例を示せば、ヨーロッパの中世に特有であった「三身分制」は宗教の思想から生まれたもので、これこそイデオロギーのなす業と考えてよい。キリスト教の聖職者は、第一身分を自分たちの聖職者であるとし、第二身分は貴族、第三身分は平民と考えたのであり、これら職業上の身分差が不平等を生む1つの契機と考えられるとピケティは考えた。しかし14世紀や15世紀になると、平民の中でも都市の大商人、ギルドの党首、法学者という身分の階層と、それ以外の都市の下層民や農民という階層の分化が発生することとなった。ここでは上層部は資本を持った経済的富裕階級層、そしてそれを持たない貧困の下層階級という分化は、経済学がとても高い関心を寄せてもよい話題である。

政治との関係でいえば、古代ギリシャが典型であったように、市民と奴隷という区分された身分が明白であり、政治にコミットできるのは市民だけだったので、ここでも両者の間に不平等のあることは確実であった。すなわち身分制と政治体制がこの2つの階級を峻別していたのである。

その他にもピケティは中世や近世のロシアにあった農奴制、新アメリカ大陸における植民地時代の奴隷の存在なども、政治とイデオロギーの産物と見なした。資本主義自体の資本家と労働者の区分も経済的な要因を無視はできないが、政治権力を持った資本家と、それに従わざるをえない労働者の対立、あるいは不平等の存在があったと解釈できるのである。

特にピケティが注目するのは、イギリスの哲学者であるジョン・ロック（John Locke, 1632-1704）による私的財産の所有権を容認せよ、との哲学であった。これまでは国王、封建領主、あるいは地主が土地を保有していたが、独立自営農民は自己の土地を保有してもよいし、平民も自己の財産を私的に保有していい考え方が浸透した結果、人々の経済生活は一変したという効果が出現したのである。

私的財産を保有する人とそうでない人との間に格差、不平等が発生するのは自然であるが、これもロック流のイデオロギーが世の中に普及してきたことの成果と考えてよいのである。同じことは資本を保有する資本家・経営者と、それらに雇われて働く労働者の間で、格差、不平等が発生するのも自然である。資本主義というイデオロギーの登場であった。

イデオロギーは思想、あるいは観念と訳されており、ある特定の哲学的、あるいは政治的な思想を持つのが人間の常である。自由主義、自由至上主義、平等主義、資本主義、社会主義、民主主義、共産主義といった主義・主張は、まさに特定の思想なり観念を表現したものと理解してよい。

人々がどのような思想を好んでいるかが、時の政治の世界に権力を与えて、社会が変化する、とピケティは強調している。たとえば、1910年にスウェーデン社会主義党が政権を取ったことで、1人1票という平等思想に変化したのである。

最もわかりやすい例は、ピケティの国・フランスにおける資産税の変遷によって示される。1981年の左翼であるミッテラン大統領・社会党政権は富裕税（ISF）を導入して高額資産保有者に資産税を課した。しかし1986年の保守派の首相であったシラクはこれを廃止した。このときは大統領は社会党のミッテラン、首相がシラクという連立政権の時代であった。しかし1988年に再びミッテラン社会党大統領は富裕税を導入した。2017年には中道の大統領・マクロンが廃止した。しかしマクロンは2018年に土地資産税（IFI）を導入している。

このように時の政権によって、租税政策の変更が不平等の程度を大きく変えているのであり、ここで政治と不平等の関係を知ることができる。

ピケティは彼の理想として、ドイツ流の共同保有、あるいは共同管理方式を主張している。ドイツの大企業は、そこで働く労働者も自社株式を保有しており、取締会には労働組合の代表も入っているので、経営に対して労働者の共同保有と見なしてよい姿である。オーストリアとスウェーデンもドイツに近いと考えてよい。

現代の政治状況についてもピケティは評価を下している。戦後の長い期間にわたって、資本主義の国では保守勢力と社会民主勢力が二大政党として、多くの国で政権交代を繰り返してきた。すなわち、イギリスであれば保守党と労働党、アメリカであれば共和党と民主党、ドイツであればキリスト教民主同盟と社会民主党、ということになる。他の欧米諸国も大なり小なりそれに近い区分と見なしてよい。

保守政党の支持者は教育水準の高いホワイトカラー層であった。日本においてもそれが該当し、自民党支持者とそうでない人は、おおまかにそういう区分でよいと判断できる。しかし現代になるとその区分に変化が見られるようになった、というのが彼の見方である。すなわち、社会民主勢力の支持者は教育水準の高いホワイトカラー職の人が多くなり、保守勢力の支持者には従来の労働者階級に加えて、いわゆるポピュリズムを信じる人たちが多くなったとしている。

その変化は、アメリカのトランプ前大統領の支持者を見れば明らかである。伝統的な労働者階級の支持を集めたし、右寄り政策（移民の排除や人種差別など）を信奉する者の支持を得たのが、トランプであった。これはフランスを見ても明らかである。ルペン党首を持つ国民戦線は移民排除やEU離脱を主張するポピュリズム政党であり、大統領にはなれなかったが、これまで勢力を伸ばしている。

日本の政治状況についても一言述べておこう。戦後の長い間、自民党の保守勢力が約3分の2、野党が約3分の1、という勢力均衡の下で、比較的政治の世界は落ち着いていた。しかし、日本に特有なこととして、保守勢力も弱者（地方に住む人々）に対してある程度の配慮を見せた政治を行ったので、強い反対運動は見られずに自民党政権が続いた。

しかし低成長時代に入って、格差拡大ないし不平等が目立つようになり、国民の抵抗が高まると予想されたが、日本では不思議な現象が起きた。本来ならば昔のように労働者階級がその反対勢力の先頭に立つべきところ、これらの人にやや保守化の傾向が見られた。生活に多少の豊かさが感じられるようになったので、急激な変革を望まなくなったのである。

もう1つの変化は、格差社会の犠牲者である非正規労働者が、時の自民党政権の支持者あるいはもっと右の政治勢力の支持者に一部なっていることも、日本型ポピュリズムとして自民党政権の存続に寄与したと考えられる。

ピケティの政治と不平等の関係をめぐる論議にヒントを得て、日本の政治の現状を評価してみた。

## 10 エスター・デュフロ

最年少で、しかも2人目の女性受賞者としてノーベル経済学賞を獲得したフランス人が出現した。エスター・デュフロ（Esther Duflo, 1972- フランス語読みはエステル）、2019年のことである。経済学者としては本講のピケティのほうが有名だったので、多少学界を驚かせた人物の受賞であった。しかもピケティよりも1歳若い年齢である。

ノーベル賞受賞の理由は、発展途上国における経済発展問題、特に貧困や教育の問題に焦点を合わせ、政策の効果がどれだけ現れるのかを経済学の手法を用いて、具体的に検証した成果が評価されたのである。

デュフロの経歴を簡単に述べておこう。多くの優秀な人を生んだエコール・ノルマルで歴史学、経済学を勉強してから、アメリカのマサチューセッツ工科大学（MIT）に渡り、そこでPh.D.を取得した。若い頃は数学を勉強した人が多かったフランスの経済学者の伝統から彼女は外れているが、アメリカの大学院に進学してPh.D.取得というのは、最近の伝統の中にいる人である。現在はMITの教授である。

ノーベル賞はMITの同僚であり夫のアビジット・バナジー（インド人）とハーバード大学のマイケル・クレマー（アメリカ人）との同時受賞であった。

# 第10講

# フランス以外の経済学の特色

## 1　はじめに

本講では、フランス経済学の特色を浮き彫りにするため、他の諸国における経済学がどうであったかを簡単に知ることができるようにする。この比較研究によって、フランス経済学の特色が一層明白になるのではないかと期待できる。

イギリス人のアダム・スミスが「経済学の父」と称されている事実により、1776年に出版された『国富論』が経済学の始まりと考えられているが、本書でも論じたように経済学はイギリス、フランスなどでスミス以前にも論じられて、いくつかの経済学書が出版されている。『国富論』が古典中の古典と理解されている1つの理由は、現代の世界を経済学で評価するなら、資本主義、あるいは市場主義が大勢なので、その原理を説明する『国富論』は、資本主義、市場主義の古典として基礎理論を提供したことによる。

ところで、『国富論』はそれ以前の経済体制、あるいは主義である重商主義の批判の書であることを忘れてはならない。重商主義は、ヨーロッパの16世紀から18世紀にかけての王国が、絶対主義を背景にして、軍事力を駆使して植民地の獲得に走り、それらとの貿易と時には略奪を通じて、国富を増大させるような政策をとった主義を指す。

ヨーロッパの列強はアジア、アフリカ、アメリカ大陸に進出して、現地の原料や生産品を輸入したり、時には略奪まがいのことまでしてさまざまな財や宝を本国に持ち帰り、本国を豊かにし、かつ王国の財政を潤したのである。略奪はまだしも、植民地や外国からの輸入額を増やすには代金が必要であり、その代金を用意するには国内産業を発展させねばならないと考えた。すなわち、同時に輸出の振興も必要なのである。

このような重商主義の時代にも、経済学は存在していたのであり、アダム・スミス以前にもたとえばすでに述べたトーマス・マンで代表されるように、重商主義をうまく解釈し、説明する経済学が存在していた。重商主義の経済学と見なしてもよく、国内産業ないし国内工業を発展させて輸出を増やし、原材料の輸入代金の確保に走るのである。その輸出入の差額が大きければ、その王国の国富はますます大きくなる、というのが重商主義の柱であった。まさにイギリスとオランダの繁栄はこれでもたらされた。貿易差額を大きくするために経済学は役立ったのである。

イギリス以前のポルトガルやスペインは、この貿易差額主義に頼るよりも、半ば略奪によって植民地の産品を本国に持ち帰る手段をとっていたので、航海術と軍隊が重要であった。したがって経済学の登場は必要なかったのであり、現にこれらの国で経済学が勃興していた、という事実が指摘されることはあまりない。

重商主義の時代における経済学の発展として有用なのは、17世紀のイギリス人N・バーボン（Nicholas Barbon, 1640-1698）による、人の欲望と効用（消費することによって得られる満足）を、財貨の価値の効用として主張した経済学である。彼の主著は『交易論』にまとめられている。

もう1つの重要なイギリス人による貢献は、W・ペティ（Sir William Petty, 1623-1687）の労働価値説である。ペティの独創性は、価値を測定する基準として、労働投入量を尺度にした点にある。たとえば、小麦の生産時間と銀の採掘時間が同一であるなら、小麦と銀は等しい価値で表示されねばならぬとした。この労働価値説は、後にドイツのカール・マルクスによって、マルクス経済学の基本理論として大いに利用されたことはよく知られている。

バーボンと同じように、フランスの経済学においても、本書でかなり詳しく論じたように、人の欲望と財の消費に注目する効用理論が、ケネーの重農主義の登場以前に存在していたことを思い出してほしい。イギリスもフランスもそういう意味では、価値論や効用の理論では、経済学前史として輝いていたのである。

ドイツについても一言述べておこう。これについてはリハ（1985）が詳しい。17世紀から18世紀のドイツにおいては、イギリスやフランスのような経済学の萌芽と見られる経済思想の発生はなく、国家の財政や行政をどう管理したらよいか、という官房学派（ドイツ語でカメラリズム（Kameralismus））のみがあった。

具体的には国家はどう租税を徴収すればよいかとか、経済繁栄をもたらすための経済政策を考えたのである。さらに官吏の養成をするために大学で「官房学」を教えるようになったが、体系的な学問として形成されることはなかった。したがって、現代ではドイツ官房学派はドイツ財政学の初期段階としての価値があるとの見方もあるが、今日においてそれほど論じられることもないので、これ以上言及しない。

むしろアダム・スミスの経済思想がドイツに紹介されるようになり、そちらの影響力のほうがドイツでは強くなったことを指摘しておこう。それはイギリス産業革命の発祥の地マンチェスターに敬意を払っての一派で、ドイツ・マンチェスター学派と呼ばれる。ところが、19世紀にドイツで発生しつつあった「ドイツ歴史学派」のほうが勢いを得るようになり、ドイツの自由主義経済学派はそれほど目立つ経済思想にはならなかった。

以上をまとめれば、ドイツの経済学史の前期としては、官房学派やドイツ・マンチェスター学派などという経済思想の動きはあったが、後のドイツ歴史学派に圧倒されるようになったので、これらの学派についてはこの程度の記述にしておこう。

## 2　イギリス経済学史の素描

自由主義経済学の覇者、経済学の父と称されるアダム・スミスは本書でも細かく書いたので、彼以降の古典派経済学における一群の経済学をイギリス人に絞って素描してみよう。

まず登場するのはデイビッド・ヒューム（David Hume, 1711-1776）である。スミス以前の人であるが、2人の親交はあった。経済学者というよりも哲学者と見なすほうがふさわしい。彼が経済学に影響を与えたのは、私有財産制を自然の法則として認めた思想にある。人々が消費や生産活動に入るには、モノ、あるいは土地や道具を自分で所有するから経済活動ができるのである、と彼は考えた。現代の資本主義は私的財と呼ばれるような物、土地、道具、機械を私有するからこそ成り立つので、ヒュームの思想は貴重である。自由につくったものを自由に売買することも容認されるのである。ヒュームはこれらのことを経済学的に解釈・執筆したのではなく、むしろ考えを提供して、それをアダム・スミスが経済学として完成させたと理解してもよい。

ヒュームの経済的自由論は、私的欲求の追求を容認するので、人々の間で持つ者（あるいは効率的に多く生産する者）と持たざる者（あるいは非効率的な生産しかできない者）の間で、格差が生じるのはやむをえないと考えた。いわば、経済的自由と平等主義は併存しない、と考えたのである。このヒュームの思想は、現代風に言えばネオリベラル思想、あるいは自由至上主義（リバタリアニズム）の萌芽と見なせる。平等主義を尊重しすぎたら、全員が貧亡になってしまう、とまでヒュームは言い切っているのである。

アダム・スミスについては本書でもかなり論じたので、繰り返しになるが一言だけでまとめておく。特にスミスはフランスのケネーのレッセフェール（自由にしておけ）の思想の影響を受けたことは忘れないでおこう。自由競争の下で人々が経済活動を行えば、最適な生産活動になるとした。さらにスミスは「分業」をとても重要な生産様式と考えたし、民間の自由な経済活動を政府が規制などしては、効率性が阻害されると主張したのである。

ここからのイギリス経済学史の記述は、本書の目的ではないし、フランス経済学との比較ができるための資料として限定するので、きわめて概説的にだけしか書かれない。ここでのイギリス経済学は古典派経済学という学派で統一して理解してよい。代表的には、D・リカード（David Ricardo, 1772-1823）、T・R・マルサス（Thomas Robert Malthus, 1776-1834）、J・S・ミル（John Stuart Mill, 1806-1873）が挙げられる。

リカードはスミスの学説を発展させて、「差額地代論」「賃金の生存費説」「収穫逓減の法則」「投下労働仮説」などを主張し、現代でいう「限界生産力原理」の基礎をつくったのである。この原理は、労働に対する賃金、資本に対する利子、土地に対する地代という報酬が、それぞれの生産要素がどれだけ生産に貢献するかの度合いによって決まる、というものである。ここに古典派経済学の基本原理が成立したと考えてよい。

マルサスは人口学者としても有名で、人口は幾何級数的に増加するが、食料生産は算術級数的にしか増加しないので、食料不足が深刻になると考えた。そこでマルサスは出生抑制策を主張することになった。さらに、食料が外国から輸入される量が多くなると、本国（この場合はイギリス）の農業が打撃を受けて破壊され、食料不足を招きかねないとして、食料の輸入制限を主張した。いわゆる保護貿易論の展開である。

これに対してリカードは、「比較生産費の理論」を柱にして自由貿易論を主張し、2人の間ではイギリスの法律である「穀物法」をめぐって論争が発生したのである。フランスでもこの論争があったことはすでに記述した。この2人の保護貿易か、自由貿易か、という論争は、20世紀、21世紀に至っても多くの国で論争になっている。アメリカのトランプ前大統領が保護貿易を主張していたのを思い出してほしい。経済政策上においても経済理論上においても、いつの時代でも論争の的である。

J・S・ミルはリカードやマルサスより少し年齢は若い。古典派経済学に属する人であるが、少し時代を先駆けする経済思想を提供した。基本的な考え方は、私有財産制の下での自由主義経済を原則とする思想の立場にいたが、それによる弊害に関心を寄せた点に特色がある。ここではフランスのサン=シモンによる空想的社会主義の影響もあったと見なせる。土地や資本を国家が保有する案を考えたので、初期マルクス主義の立場にあったとも理解できる。

実は古典派経済学のリカード、マルサス、ミルに共通する考え方は、ペティにその思想の起源があり、彼の「労働価値説」を踏襲したと理解してよい。後にマルクス学派が重視する経済思想の基礎を主張したので、マルクス経済への橋渡しにもなった、ということを付記しておこう。「労働価値説」を誤解を恐れずに大胆に要約すれば、「財の価値は投入された労働量に比例する」というものである。

マルクス経済学は、ドイツのカール・マルクスによって体系化された理論なので、ここイギリスの節では論じないが、マルクスは亡命先のイギリスの大英博物館で有名な『資本論』を執筆したので、イギリスとは無縁ではないことを付言しておこう。

ここで重要な人物が登場する。A・マーシャル（Alfred Marshall, 1842-1924）である。古典派経済学の後期の人、あるいは新古典派経済学の最初の人、とされる経済学者である。経済学を大学で教える重要な教科の1つとした人でもある。基本的には自由主義経済学を理論的に解明したのであるが、いくつかの基本的な理論を開発、ないし完成させた人でもある。

第1に、ワルラスは「一般均衡理論」の大成者であったが、マーシャルは「部分均衡理論」の主張者でもあった。ワルラスは多数財、多数生産要素の市場を想定したが、マーシャルは2財あるいは3財モデルを想定して、直観でわかりやすい理論を提唱した。その例の1つ、コーヒー、紅茶、砂糖の3財において、「代替財」と「補完財」を定義した。どの教科書にも出てくる概念である。さらに1つの財の価格が変動したときに、他の財の需要・供給にどういう影響があるのかを調べたし、「上級財」「下級財」という区分も、部分均衡論に立脚すると理解しやすい。

第2は、マーシャルによる「消費者余剰の理論」があるが、これは本書でも解説したデュピュイによる「相対的効用」の応用・発展であった。こうしてマーシャルはフランスの経済学者の貢献と対比させることを可能とする特色を有している。

第3に、マーシャルの有名な言葉「Cool head but warm heart（冷徹な論理、しかし温かい心）」で象徴されるように、労働者の賃金、訓練、そして子どもの教育などに関心を寄せたところがあり、100％の市場原理主義者ではなかった。とはいえ、当時強くなっていたマルクス経済学に共鳴することはなかった。

最後に、古典派（あるいは新古典派）経済学の最後の人、A・C・ピグー（Arthur Cecil Pigou, 1877-

1959）である。マーシャルのケンブリッジ大学教授としての後継者であり、自由主義経済、あるいは市場主義経済においては、価格、賃金などがうまく変動して機能すれば、失業者が生まれたり、価格が発散するようなことは起こらない、と主張したのである。これは市場における価格や賃金の調節機能を積極的に評価したものである。後になってこの思想はケインズの批判を受けることになる。

むしろピグーの貢献は、自由主義経済の下での人々の厚生がどう評価されるかを分析して、「厚生経済学」という経済学上の新しい分野を創出したところにある。人々の厚生を比較することによって、経済政策の効果を計測できる手法を提唱した点で、独創的な理論貢献をした人である。

いよいよ20世紀最大の経済学者、J・M・ケインズ（John Maynard Keynes, 1883-1946）の登場である。1910～30年代にイギリス経済は不況にあったし、アメリカのウォールストリートの株価大暴落に端を発した大不況を契機にして、1920～40年代はアメリカのみならず世界的な大不況の時代となった。失業者は巷にあふれ、人々の生活は困窮に苦しんだ。

そこに登場したのがケインズである。もともとはイギリスの官僚であったが若い頃から経済学者になり、不況を克服するための新しい経済学を提唱した。それは『雇用・利子および貨幣の一般理論（*The General Theory of Employment, Interest and Money*）』として1936年に出版された書物に凝縮されている。後に「ケインズ革命」と呼ばれることになる画期的な経済書であった。

ピグーに代表されるような古典派経済学は、市場経済において賃金や価格の自動調節機能に信頼を寄せ、失業者の数は自然にゼロになると考えていた。しかしこの調整機能は一向に作用せず、失業者の数は高くあり続けた。つまり古典派の想定する市場の需給は一致せず、労働市場は常に失業者が存在するという不均衡の状態であった。

そこでケインズは、労働組合の存在によって賃金には下方硬直性があるし、物価も寡占・独占企業の存在によって下方硬直性がある、と判断した。さらに貨幣市場においても、「流動性の罠」の存在によって利子率は期待するほど低下せずに投資は増加せず、貨幣需要だけの増加があることを発見した。これは「流動性選好理論」と呼ばれた。

こういう状況を打破するための政策として、ケインズは発想の転換を主張した。不況の原因は需要が供給を下回っているからであると考えた。需要を増やすための有効需要政策として、家計消費や減税を含んだ上での公共投資の増加策を主張した。家計消費の喚起のために「乗数理論」を応用したのである。従来の市場機構に基礎をおいたミクロ的な経済政策よりも、家計消費、企業投資、公共政策（租税と政府支出）を変動させるマクロ的な経済政策のほうが有効である、と主張したのである。

ケインズによってマクロ経済学は定着したと考えられており、金融・財政政策の駆使によって、マクロ経済の需給を一致させる政策が必要と考えた。そこでは政府が行う政策の重要性が認識されているのである。現にアメリカの大不況はルーズベルト大統領による経済政策（ニューディール政策と称された）が功を奏して、このケインズ経済学の歴史的成功が存在し、ケインズ経済学の妥当性が認識されたのである。

ケインズ経済学は第二次世界大戦によって破壊された経済の復興にも成功し、戦後の経済学はほぼケインズ経済学が席巻するようになった。戦後の先進国は経済繁栄を謳歌したし、ポスト・ケインジアン経済学の進展も見られた。たとえば、イギリス人のハロッドによる経済成長論、同じくイギリス人のヒックスとアメリカ人のサミュエルソン、トービンなどによる景気循環論、アメリカ人のクラインによるケインズ型計量経済学モデルの開発などが、それらの例である。これを機に経済学の中心がヨーロッパからアメリカに移り始めたのであった。

## 3　ドイツ経済学史の素描

18世紀と19世紀の前半期のドイツは、小さな王国の分立という特色があり、経済もイギリスやオランダに比較すると資本主義は浸透しておらず、国家としての勢いはさほどなかった。後進国といってもよいほどであった。そこで登場したのが、歴史学派と呼ばれるドイツ特有の経済思想であった。なぜ歴史学派と称されるかといえば、経済の歴史的な発展史を古い時代から始めると、次のような進展があると考えた。原始時代、牧畜中心、農業中心、工業中心、商業中心という形態を順を追って経験すると見なしたのである。当時のドイツはまだイギリスのように工業中心の時代になっていないので、政府はそれができるように導かねばならないと、ドイツ歴史学派は考えた。それをするには強力な国家が必要と考えた。歴史学派は国民国家論を展開して、イギリスのような自由主義経済、あるいは自由貿易論はまだドイツには適用できず、王国なり国家が保護貿易主義を適用して、国内の農業、特に産業を保護し、かつ育成せねばならない、と主張したのである。

もう1つ歴史学派に関して重要なことは、工業の発展のためには労働者に一所懸命に働いてもらわねばならないとして、種々の政策を労働者に関して施す必要があると考えた。その政策は現代では社会政策として成立しており、労働災害対策、病気になったときの施策、年金政策など、労働者の福祉に貢献する社会保険制度の導入を、歴史学派は提唱したのである。

この提唱に応じたのが、プロシャの宰相（後にドイツ帝国の宰相）オットー・ビスマルクであり、医療、労働災害、年金の3種類の社会保険制度を創設したのである。有名な「アメ（社会保険制度）とムチ（大いに働いてもらう）」の導入である。ビスマルクは歴史学派の唱える社会政策理論を、現実に実践したのである。この社会政策が功を奏し、かつ国家が強力な産業政策と軍国主義を先導したことによって、ドイツは経済の強国へと向かうのであった。しかし彼は反共主義者であった。

1870～71年の普仏戦争はプロシャとフランスの間で戦われ、フランスの敗戦であった。この敗戦はフランスの経済と軍事の弱さを露呈し、サン＝シモン主義の産業政策が必要であると、ミッシェル・シュヴァリエなどを代表にしてフランスで主張されたことを思い出してほしい。

歴史学派の経済学者としてどのような人がいたのか、名前だけを列挙しておこう。前期歴史学派としてA・H・ミュラー、F・リスト、W・G・ロッシャーであり、後期歴史学派として、右派のA・ワーグナー、中間派のG・シュモラー、左派のF・ブレンターノという面々である。

ワーグナーの思想は国家社会主義思想となり、後のヒトラーが初期の頃はこの思想を信じたのは有名である。シュモラーは経済学には論理的な価値判断が必要と主張しており、後になって価値自由を説いたマックス・ウェーバーの批判を受けた。ブレンターノは労働組合の必要性を説いた。

## 4　カール・マルクスとフリードリッヒ・エンゲルス

ドイツの歴史学派と社会政策思想はドイツ経済学の1つの顔であるが、ドイツといえばカール・マルクス（Karl Marx, 1818-1883）とフリードリッヒ・エンゲルス（Friedrich Engels, 1820-1895）のマルクス経済学にどうしても言及する必要がある。マルクス・レーニン主義はロシア、東ドイツ、ポーランド、中国、キューバ、ベトナムなどいくつかの国の社会主義国として世の中で存在した。経済学としてもマルクス経済学は、近代経済学と呼ばれた学説との2大学説として輝いたのである。

若い頃のマルクスは文学や哲学を勉強しており、職業としてはそれらを教える大学の教授をめざした。特に哲学はヘーゲルを勉強したことを述べておこう。しかし教職の地位を得られず、ジャーナリストの道を選び、新聞などに記事を書いていた。特に労働者や弱い立場にいる人の実態を書くという仕事をしており、弱い者は強い者への抵抗をすべき、という感情を持つようになった。そしてそのための学問として経済学に関心を抱くようになっていた。

フリードリッヒ・エンゲルス

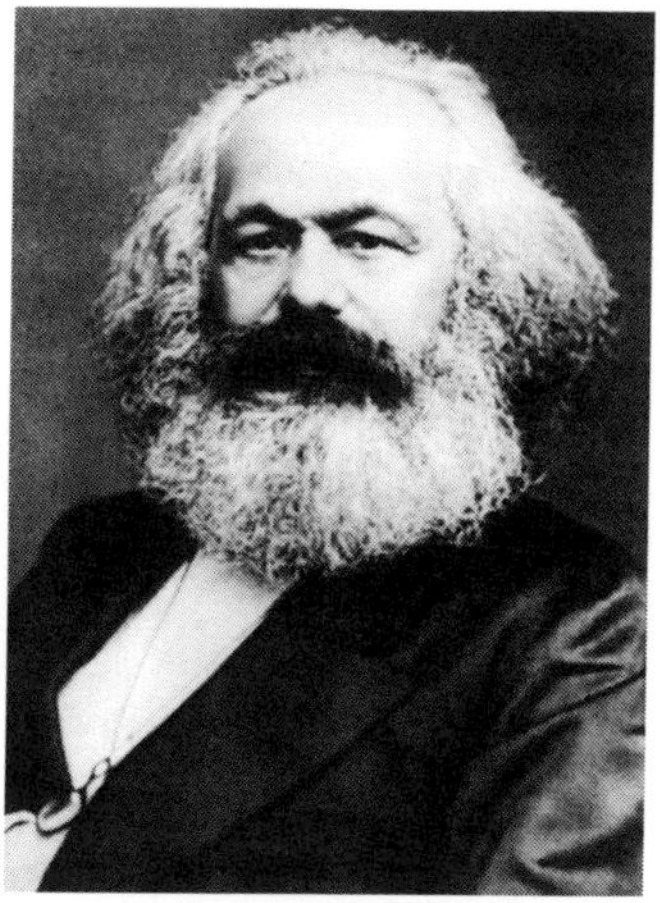

カール・マルクス

マルクスは1843年から44年にかけてパリに滞在していたが、そこで生涯の友、エンゲルスに会った。2人は後に『ドイツ・イデオロギー』や『共産党宣言』を出版するようになる。特に後者はパリで2月革命が勃発した年の1848年に出版された書物である。2月革命は世界で初めて労働者階級がブルジョア階級に抵抗を示した歴史的な事件であるが、その後成立した第二共和政はほどなく潰れて、ナポレオン3世のクーデターによって、1852年には再び第二帝政の国家になっていた。マルクスとエンゲルスはこのフランスにおける2月革命の失敗を、自分たちの経済学と政治思想の形成への糧としたのである。

『共産党宣言』は、プロレタリア（労働者）がブルジョア（資本家）によって搾取されるのが普通なので、プロレタリアは団結してブルジョアを階級闘争として倒さねばならない、と主張した革命の書である。

「万国の労働者よ、団結せよ」は有名な言葉である。

経済学者としてのマルクスは、当時はドイツで勃興しつつあった歴史学派の経済思想には関心を寄せず、むしろ資本主義経済の解明をしていた古典派のアダム・スミス、D・リカード、J・S・ミル、F・ケネーらの書物を一所懸命勉強し、それらの学説の批判を主眼にするようになっていた。特にマルクスはスミス、リカード、ミルなどの「労働価値説」を批判的に検討することに成功した。その成果がイギリスに亡命中に『資本論』として出版され、マルクス経済学の聖典とも見なせる古典的な経済学書となった。マルクスはこれまでの労働価値説を発展させて、「剰余価値」という概念を生み出し、新しい学説を主張したのである。

その骨子は次のようにまとめられる。労働者は企業、あるいは資本家に雇われて労働に励み、その代償として賃金を受け取る。企業、ないし資本家は労働力の生む価値以上の価値（すなわち剰余価値と見なす）を求めようとする。剰余価値は多くの土地、資本（機械）の投入によって生じるが、増加するかもしれないし、あるいは資本家の強い力によって賃金を低く抑制することで生じるかもしれない。

もし資本（機械）が多く投入されたことで剰余価値が発生すれば、必要な労働収入は少なくてよく、余った労働者は失業者となってしまう。マルクスはこういう失業者を産業予備軍と呼んだ。すなわち資本家が強くなれば失業者が増加するか、賃金などの労働条件が悪化するだろう、と予測した。これこそがマルクス経済学の根源的な主張、すなわち労働者は資本家によって搾取される、という主張なのである。

ここで第4講で論じた空想的社会主義を思い出してほしい。エンゲルスはフランスのサン＝シモンやフーリエの社会主義に〝空想的〟という枕詞を与えて、自分とマルクスの社会主義は〝科学的〟であるとした。労働者が資本家によって搾取されることを理論的に証明した経済学だと主張したのである。さらにいかに搾取させないか、の政策までマルクス経済学は考えた、としたのである。

もう1つのマルクスの主張は、資本主義経済において競争に勝つ企業と負ける企業が出てくることは避けられず、負けた企業は撤退を迫られ、ここでも失業者が出てくることになる。一方の強い企業はますます生産を増加させるが、いずれそれが過剰生産に陥ることになる。商品が余ることとなり、売上げの減少が発生して、経済は不況に陥ることになる。資本主義は宿命として景気循環の発生が避けられず、不況の深化は経済恐慌の発生で終焉する、とマルクスは予言したのである。

資本主義における労働者の搾取を防ぎ、かつ恐慌の到来を避けるには、マルクスとエンゲルス、そして後のレーニンによって労働者が資本家を倒すような革命が必要と主張した。ところがすでに本書で登場したケインズは、政府が財政・金融政策をうまく発動させれば、不況は克服できると主張したのである。

戦後の世界での経済学界は、マルクス経済学派と近代経済学派が相対立する状況にあったが、それは社会主義国家と資本主義国家の対立の代理戦争でもあった。現代に至って社会主義が勢力を失い、マルクス経済学は勢いを失って、近代経済学がかなり優勢な状況にある。とはいえ、資本主義の矛盾が露呈される今日に至り、マルクス主義見直しの気運も生まれつつある。

## 5　英・独・仏以外の経済学

ここまでは英・独・仏というヨーロッパにおける3つの大国ばかりの叙述であったが、小国においても優れた経済学者を生んでいるので、最後にそれを述べておこう。国が大きくて力が強ければ、そこで発表される経済学の思想なり理論は影響力が強く、小国の経済学者の学説は無視される可能性がある。特にその国の言語で発表された書物や論文であればなおさらである。

こうしたハンディキャップを乗り越えて、世界に影響を与えた小国の人を紹介しておこう。学説がとりわけ新鮮で、かつ重要だったので、世界で論じられるようになった経済学者の面々である。

筆頭はスウェーデンである。貨幣論のK・ヴィクセル、価格理論のG・カッセル、福祉国家論でのG・ミュルダールなど、多士済済である。ドイツの隣国オーストリアも同様である。ドイツ語圏なのでドイツのところでの紹介も可能であるが、ここではウィーン学派とも呼ばれているので別掲とした。限界革命3名の内の1人、C・メンガー、自由主義経済論のE・ベーム＝バヴェルク、同じく自由主義経済論のF・ハイエク、経済発展論のJ・シュンペーターなどである。『経済分析の歴史』という大著を出版したシュンペーターは、本書で詳しく議論したフランス人のワルラスを、経済学史上で最高に輝く仕事をした人と評価したことを再述しておこう。

1969年にノーベル経済学賞が授与されるようになったが、最初に受賞した2人は、ノルウェーとオランダの経済学者であった。ノルウェーのR・フリッシュは計量経済学の統計理論、オランダのJ・ティンバーゲンは計量経済モデルの開発者としての業績であった。ともに当時勃興しつつあった計量経済学のパイオニアとしての評価であったし、英・米・独・仏の大国出身者ではないところが興味深い。ノーベル経済学賞は小国スウェーデンの賞だけに、2人の小国出身の経済学者を最初に選んだのか、と解釈するのはうがった見方すぎであろうか。

他の小国にも優れた業績を示した経済学者がいる。たとえば、ポーランドのオスカー・ランゲ、ハンガリーのニコラス・カルドア、フォン・ノイマンなど。小国とは言い難いが、ロシア生まれのクズネッツ、レオンティエフなどはすでに本書でも登場した。

戦後のアメリカ経済学界の動向についても一言述べておこう。戦後すぐの2つの動向は次のようにまとめられる。第1は、サミュエルソン、ソロー、トービンなどのケインジアン経済学の隆盛であり、経済成長論が花を咲かせた。好調な経済をもっと豊かにするには、高い経済成長を保つのが一番の策なので、そのための経済学が中心課題となった。

第2は、戦争中に軍の行動を研究する目的でオペレーションズ・リサーチが盛んになり、経済学も数理計画、ゲーム理論などのように数学を用いた数理経済学、そして統計を用いて電子計算機を駆使しながらの計量経済学が隆盛を迎えた。

一方で経済思想としては、シカゴ大学のM・フリードマンを筆頭にした反ケインズ派、すなわちマネタリズムが勢いを持ったし、同じシカゴ大学のR・ルーカスを中心にした「合理的期待形成理論」が登場した。この理論は、政府や中央銀行が行う経済政策に対しては、人々と企業はそれに抵抗するようになる対抗策の行動に出るので、結局は経済政策は何もやらないほうがよい、という帰結を生んだ。この2つの学派はかなり強力となり、1970年代、1980年代あたりからはケインズ経済学の退潮を招くことになった。1973年に発生したオイルショックに起因したスタグフレーションを、ケインズ経済学は解決できなかったことも災いしたのである。

20世紀末から21世紀に入って、経済学はアメリカが中心となった。ノーベル経済学賞の受賞者もアメリカ人と外国から移住してアメリカに住む人が中心となったのである。たしかに数多い最先端の経済理論と実証分析はアメリカから誕生するが、それらが100年後にまだ生き延びているか、と問われればそれはまだ不明である。したがって、それが経済学史上の遺産として残るかどうか、まだわからないので、それらの学説については言及を避けておこう。

最終講

# フランス経済学の特色

## 1　はじめに

ここまでフランス経済学史を詳細に検討し、かつフランス経済学の特色を浮き彫りにするために、英・独・米と他の国の経済学を簡単に描写した。ここでまとめの意味で、フランス経済学の特色を簡単に要約してみよう。

## 2　特色①：重農主義と経済自由主義

アダム・スミス、リカード、ミル、マーシャルなどの古典派、新古典派の経済学、そしてケインズの経済学を知ると、イギリスが最大、かつ最高の経済学者を生んだ国と判断できるかもしれない。ところが本書が明らかにしたように、スミス以前、あるいはイギリス古典派に影響を与えたフランスの経済学者はかなりいた。たとえば、ボワギルベール、カンティロン、そしてなんといっても重農主義のケネーである。これらの人々は、イギリスの経済学からの刺激も受けていたところがあるので、英仏両国はお互いに影響しあっていた、と言うのが正しい。

どういう特色かといえば、商業・工業そして貿易の重視によって、一国の経済を強くするための政策が論じられた。ただしケネーだけはユニークで、農業を本源的な生産活動と見なしたし、レッセフェール（自由にしておけ）の精神は後の経済思想に大きな影響を与えた。さらに彼の『経済表』によって産業間の循環式を定式化したが、これは後のマルクスの産業循環やレオンティエフの産業連関表にも影響を与えた。

## 3 特色②：空想的社会主義

もう1つの経済学の巨人にドイツのマルクス、そしてエンゲルスがいるが、今日マルクス経済学として一派を形成している経済学に影響を与えたのも、フランスのいわゆる空想的社会主義の学説であった。これにはイギリスのオーエンを無視できないが、サン＝シモン、フーリエ、プルードンなどのフランス人の思想からの刺激があった。マルクスやエンゲルスは自分たちの経済学は「科学的社会主義である」と称したが、少なくとも英仏で根強かった労働価値説を発展させた功績は認めてもよい。

今日マルクス主義は英米においては当然だし、そして統一前の東ドイツを除いてドイツでも弱いが、フランスにおいては一定の勢力を誇っている。どのようなマルクス経済学者がフランスにいたかを論じたし、戦後のフランス政治の変遷を辿れば、社会党政権の時代があったことによっても、国民に一定の支持のあることがわかる。その名残りは、現代におけるレギュラシオン学派の存在によっても生きている。

## 4 特色③：数理経済学

フランス経済学は数理経済学の強さに1つの特色がある。寡占理論で独創的な仕事をしたクールノーは、経済学に数学を用いるのに貢献したパイオニアであるし、ワルラスも彼の経済モデルを表現するのに数学を役立てた。その後も続々と数理経済学上で貢献する人々がフランスで現れた。

なぜフランスで数理経済学が強いのか、まずは良くも悪くも論理を好む国民性、そして哲学がとても重要な学問である。数学史上で優れた学者を多数生んだ国なので、数学を経済学で用いるのに抵抗感はないし、論理で経済を語るには数学の応用は適しているのである。

これまでフランスは4名のノーベル経済学賞の受賞者を生んだが、最後のデュフロだけがそうではないものの、3名が数理経済学者であった。その伝統が今後も続くかどうか、数学を重視するフランスの教育界を見れば、多分そうであろう。

## 5　特色④：一般均衡理論

シュンペーターが強調するように、経済学史上で最も偉大な人は誰かといえば、ワルラスである。無数の財と複数の生産要素の存在する市場経済のモデルを、それぞれの価格と要素価格を媒介にして、需要と供給の均衡式として表現したのである。市場経済の動向と理解をこれらのモデルで表現したワルラスの貢献には絶大なものがある。ワルラスに影響を与えたのも、同じフランス人のセーの経済学であることを述べておこう。

残念ながらワルラスの一般均衡理論は、フランス国内で開花せず、他の国で高く評価されたし、スイスのローザンヌでその地位を固めた。ローザンヌはフランス語圏なのでフランス経済学史に入れてよいし、後継者の、イタリア人ながらのパレートもローザンヌで教えた。一般均衡理論とパレート最適は、立派にフランスの伝統の成果である。

## 6　特色⑤：エンジニアリング経済学

フランスにはエンジニアリング経済学の伝統がある。橋、道路、鉄道、港、航運、電力、ガス、水道などの運輸・工業分野において、経済学上の仕事をした人が数多くいる。建設の費用と利益を計算して、現実にそれを応用していかに建設したらよいかの提言を行ったのである。代表者はデュピュイであるが、現代ではアレやティロールなどもその伝統の中にあり、これらの人が論じた。

なぜフランスでエンジニア・エコノミストが多いのか、その主たる理由はこれらの工業部門で働く人を養成するための学校があるからである。しかもこれらの学校はエコール・ポリテクニク（理工科学校）を筆頭にして名門校が多く、優秀な人が工学と経済学を学んでから卒業していくからである。そして実際の建設現場で遭遇するさまざまな経済的な問題を解決する手段、政策に取り組むのである。

## 7　特色⑥：フランス語文献の地位低下

このようにしてフランス経済学は、歴史上において画期的な経済思想、経済理論、経済政策を提出してきた。ところが戦後になって今や経済学の中心はアメリカに移ってしまった。フランスは過去のような輝かしい経済学の成果を今後も出し続けることが可能であろうか。

それを論じる前に言語のことを指摘せねばならない。戦前までのフランスにおいては、フランスの経済学者はフランス語でその成果を公表してきた。フランス語以外の人々は、それを読むか、あるいは翻訳されたものを読むのが普通であった。政治・経済の現場、学問上の言語などでフランスがとても重要な強国として君臨していたからであった。

ところが戦後になってフランスの国際的な地位の低下、それに何よりもアメリカの地位が格段に高くなったことにより、フランス語の相対的な地位低下と、学問の発表の場においても英語が圧倒的な地位を占めるようになった。

その証拠として、1930年に創設された「Econometric Society」はその機関誌として*Econometrica*を1933年から公刊してきた。当時は英語とフランス語が2大公用語であった。

当初はフランス語で書かれた論文の数は半数とはいわないが、かなりの数を占めていた。時の経過とともにフランス語の論文は減少し、今では英語がほとんどである。数理経済学と計量経済学の高級学術誌では、フランス語で発表される論文はほとんどない、という英語の独占ぶりである。

この流れの中にあって、フランス人の経済学者（特に非マルクス経済学、あるいは近代経済学）すら多くが英語で発表する時代となっている。例外は本書で登場したピケティである。最初はフランス語で書物を出版し、すぐに英語で翻訳本の出版がなされたが、英語版の登場によって世界中の注目を浴びたのである。

残念ながら経済学のみならず、学問の世界では圧倒的に英語が独占しているといっても過言ではないので、フランス人経済学者も英語で公表するであろう。最近のノーベル賞受賞者のティロールもデュフロも例外ではない。今やフランスで最も水準の高い経済学の学校であるパリ・スクール・オブ・エコノミクス（Paris School of Economics / École d'économie de Paris）では、フランス語ではなく英語で講義を行っているほどである。

とはいえこの英語の独占ぶりは、フランス人の経済学者が質の低い研究しか出せなくなるか、といえば決してそうではない。発表の媒介が英語であるにすぎず、研究成果の質の高さとはほとんど関係のないことである。しかも今でもフランス語で質の高い研究成果を公表している人もいるはずである。残念ながらそういう研究に世界の眼が注がれないリスクはある。日本人が日本語でいくら質の高い研究を発表しても、世界から完全に無視されるほどではないが、それに近い扱いであろう。

この言語の問題以上に深刻なことは、世界の経済学界がアメリカの影響力の強すぎることの影響で、研究が重箱の隅をつつくとまでは言わないが、細かい技術的な論文を書くことが評価される時代になっている事実である。換言すれば、本書で論じてきたような経済学上の画期的な業績、あるいは経済学の大きな流れを変えてしまうような革命的な思想なり理論の登場する余地が小さくなりつつある。

別の解釈をすれば、昔は経済学では書物が発表の媒介であったが、今は少なくとも経済理論や実証、そして政策においても、学術誌における論文が主たる公表の場となっている。それらの論文の積み重ねが1つの学説となって理解される時代にある、と言ってもよい。たとえば、ルーカスの「合理的期待形成理論」も1つの学術論文が出発点となり、その後にルーカスをはじめ信奉者が論文の発表を続けることによって、1つの学派の形成に至った。

このように理解すると、フランスの経済学者は今後独創的な優れた経済学の成果を発表しなくなるだろう、とは決して予想できない。フランス人でノーベル経済学賞を受賞したティロールもデュフロも、ここで述べたように論文の積み重ねが評価されたのである。

## 8 おわりに

とはいえ、ケネーやワルラスに代表されるように、経済学の大きな流れを変革してしまうような、それこそ革命的な仕事をする人の再来はさほど期待できない。これはフランス人のみならず、経済学研究の姿が変化したことにより、すべての国の経済学に当てはまるところであるかもしれない。しかしながら、マルクスやケインズという100年に一度現れるか現れないかの天才的経済学者の出現もありうるので、これは別にフランスのみならずすべての国の中から出現する可能性を秘めている。

補講

# 日本におけるフランス経済学研究の系譜

## 1　はじめに

橋木（2019b）が指摘するように、江戸時代や明治時代の初期に、日本人の中で経済学的な分析をしていた人もいた（1867年のパリ万博の日本派遣団には第3講で言及した渋沢栄一もいた）が、明治時代の中期以降では経済学は基本的に輸入学問であった。欧米（特に英仏独）で開発された経済学の研究書・論文を読み、そしてそれらを翻訳してその解釈と日本への普及に励んだのである。新しい経済学の思想や定理がまず欧米で生まれたので、輸入学問であることは避けられなかった。

とはいえ、物理学、化学、医学も基本的には輸入学問であり、日本人のこれらの分野におけるノーベル賞受賞者は続々出ているのに対して、経済学のノーベル賞受賞者は50年以上も経過するのにまだ誰もいない。なぜか、それは橘木（2019b）に譲り、ここでは輸入学問のうちフランス経済学にどう取り組んできたかを考えてみたい。これまでの講と少し重なる点があるかもしれないが、この補講では日本人がフランス経済学にどう取り組んできたか、網羅的ではないが読者が体系的に知ることができるので、執筆した次第である。

第10講で明らかにしたように、経済学の発祥は普通ではイギリスと理解され、アングロ・サクソン流の経済学が主流と考えられていたので、日本でもこの経済学への関心が高かった。たとえばその功績は、慶應義塾でアングロ・サクソン経済学を教えた福沢諭吉に代表させてよい。この経済学は東京高商（後の東京商大、一橋大）でも人気を博した。

もう1つ日本で人気を博した経済学がある。それは歴史学派、社会政策学派、マルクス経済学で示されるドイツから発生した学派であり、東京・京都といった帝国大学を中心にして研究・教育がなされた。資本主義国でありながらなぜマルクス経済学が日本で重宝されたのかは橘木（2019b）に譲り、第二次世界大戦以前とその後しばらくの数十年間、マルクス経済学が主流であったことを強調しておこう。

パリ万博の日本派遣団（後列左端が渋沢栄一）

こう述べてくると、日本の経済学はイギリス、アメリカ、ドイツの経済学の影響が強いとわかる。そうすると本書の主要関心国であるフランスの経済学は、影の薄かったことが予想される。それは否定できないが、本書でも明らかにしたように、経済学の父と称されるアダム・スミスの『国富論』に影響を与えたのは、実はフランソワ・ケネーを筆頭にしたフランスの経済学なので、一部の日本人経済学者はフランス経済学の貢献を高く評価していた。これらの経済学を誰が称賛したのかを素描しておこう。

## 2　ケネーとワルラス

フランス経済学史を念頭におけば、ケネーとワルラスが双璧であることに間違いない。重農学派の代表としてのケネー、一般均衡理論の完成者としてのワルラスは、世界における経済学の金字塔である。

日本においてケネーが本格的に語られるようになったのは、第二次世界大戦前後である。早稲田大学にいた久保田明光が日本におけるケネー研究の開拓者と見なされているように、彼には『農業経済学の基礎理論』(1949)、『ケネー研究』(1955) の著作がある。なお久保田が早稲田大学にいたことは意義深く、後に早稲田大学がフランス経済学研究の一大中心地になる契機となった。多くの後継者がそこで育ったのである。早稲田大学におけるフランス経済学研究については後に言及する。

東の早稲田大学だけがケネー研究の本場ではなく、西の京都大学でもケネーに関心が払われた。菱山泉には『重農学説と《経済表》の研究』(1962) や『ケネーからスラッファへ：忘れえぬ経済学者たち』(1990) などの著書があり、先駆者の役割を果たした。ここで登場したスラッファはフランスの経済学者ではなくイタリア育ちで、イギリスのケンブリッジ大学に在籍した人である。『生産と分配の理論』によって彼独自の経済学体系を主張し、ケンブリッジ学派として1つのユニークな学説を展開した人として知られる。

もうひとりは平田清明で、『経済科学の創造：『経済表』とフランス革命』（1965）によってケネーを評価した。平田は東京商大育ちで、名古屋大学で教鞭をとってから京大に移ったので、キャリア全部が京大の人ではない。市民社会学派とも称される経済学者であり、マルクス経済学にも造詣が深かったので、必ずしもケネーの専門家ではない。しかし菱山と平田が京大にいたことは京大の経済学がフランス経済学における1つの顔となったことは確実であった。

次はワルラスである。ワルラスが1874年に *Eléments d'Économie Politique Pure* を出版してから後の日本では、まだ一般均衡理論には関心が寄せられなかった。ごく一部でこの本を翻訳した小樽高商（後の小樽商大）にいた手塚寿郎がワルラスの解説を行っていた程度であった。ところがしばらくしてからワルラスの一般均衡理論が世界で脚光を浴びるようになり、その契機はシュンペーターがワルラスを19世紀最高の経済学者と称賛した影響を受けて、関心が一気に日本でも高まったのである。

当時の日本の経済学界はマルクス経済学が支配していたので、一般均衡理論を研究したのは少数の非マルクス経済学者にすぎなかった。その代表はシュンペーターのところに留学した東京商大の中山伊知郎と、東大の安井琢磨であった。ともに20世紀の前半に活躍した経済学者である。中山の一般均衡に関する代表作は『発展過程の均衡分析』（1942）、安井のそれは『均衡分析の基本問題』（1955）である。

特に安井は一般均衡の解が存在するのかどうかを、数学の問題として解明したことに独創性があった。なお一般均衡の存在と安定の問題は、1950～60年代において世界の経済学者が競って解明にあたったが、そこでは日本の経済学者も英語で論文を書いて、日本の経済学者が世界で初めて認知されたという歴史的経緯がある。その代表者は、安井以外に森嶋通夫、宇沢弘文、二階堂副包、根岸隆という一連の数理経済学者であった。なおここで列挙した経済学者は一般均衡の存在と安定を数学的に解明したのであり、フランスと格別の関わりのある人ではなく、しかも英語で論文を書いたので、イギリスやアメリカで名前が知られるようになっていた。

ワルラス経済学を一般均衡理論だけではなく、彼の土地国有化問題や経済体制の問題まで含めたワルラス経済思想の全貌を論じた人として、御崎加代子がいるので、彼女のことを一言述べておこう。ワルラスに関しては『ワルラスの経済思想：一般均衡理論の社会ヴィジョン』（1998）という包括的研究書があるし、フランス経済学史全般に関して『フランス経済学史：ケネーからワルラスへ』（2006）がある。

## 3　ケネー、ワルラス以外の経済学者

ケネー以前にもフランスでは経済学の発展が見られたことについては、本書でも紹介した米田昇平の貢献がある。『欲求と秩序：18世紀フランス経済学の展開』（2005）や『経済学の起源：フランス 欲望の経済思想』（2016）という著書があり、この分野で貴重な貢献をした人である。本書の執

筆も米田の著書に大きく依拠している。米田はすでに述べたようにフランス経済学研究の本家である早稲田大学で教育を受け、下関市立大学で研究した人である。

早稲田大学の名前が出たついでに、早稲田大学におけるフランス経済学の系譜に取り組む人々が登場した。代表的には、山川義雄による『近世フランス経済学の形成』(1968)、岡田純一による『フランス経済学史研究』(1982)などがある。

ユニークなのは西川潤である。日仏経済学会会長を務めた早稲田大学の岡山隆教授の下で学び、フランスに留学したが必ずしも伝統的なフランス経済学に特化せず、特に発展途上国における開発や貧困の問題に注目して、これらの分野で出版と発言を行った経済学者である。フランスの経済学者と交流があり、本書でも登場したマルクス主義者のベッテライム、さらにサミール・アミンなどの主義、主張に共鳴して、マルクス主義の立場からの執筆と発言が多かった。

東の早稲田大学が登場したので、西の京都大学にも言及しておこう。菱山泉、平田清明はすでに記述したので、木崎喜代治を記しておこう。香川大、パリ大、京大大学院で研鑽を重ねた経済思想史家である。『フランス政治経済学の生成:経済・政治・財政の諸範疇をめぐって』(1976)がある。

京大経済学部の出身であるが、狭い意味での経済学研究者にはならず、むしろフランス革命を中心にして、フランスの政治、文化、思想、歴史などで業績を挙げた人が河野健二である。とても幅広い領域をカヴァーした人であった。したがって本書で取り上げた課題に関する書物を河野に関して記すのは困難である。

むしろ経済学部ではなく、農業経済学から本書に関係ある分野で仕事をした人がいる。それは坂本慶一であり、サン＝シモンなどの空想的社会主義を論じている。

話題をフランス経済学に戻すと、いく人かの経済学者が登場する。まず一橋大学にいた金融の専門家、山口茂による『セイ「経済学」』（1948）が古い時代ではあるが出版されている。次いでの一橋大学の人は津田内匠である。幅の広い経済学史家であるが、チュルゴーの著作の翻訳をしたり、カンティロンに関する評論もある。代表作の1つとして「フランス革命と産業主義」『経済研究所年報（成城大学）』（1990）を挙げておこう。

本書でも1つの講を設けて論じたエンジニア・エコノミストを体系的に論じた人として、栗田啓子がいる。1992年には『エンジニア・エコノミスト：フランス公共経済学の成立』という研究書を出版している。なお彼女はこの書物の基礎となった題材を中心にして、フランスのパリ大学に博士論文（当然フランス語）を提出しており、数少ないフランスでの博士号取得者である。栗田は東京女子大学の出身であるが、大学院は早稲田大学なので、ここでも早稲田大学のフランス経済学の伝統は生きている。

最後は本書でも論じたレギュラシオン学派である。日本の経済学者の中でも賛同者がいて、フランスにおけるレギュラシオン学派の著作の翻訳や、その主義・主張を日本でも紹介して、日本におけるレギュラシオン学派の存在意義を高めた一派がいる。

その代表者は山田鋭夫であり、名古屋大学に在籍していた経済学者である。多くの翻訳書、紹介書の他に彼独自の見解を日本経済に当てはめた書物として『レギュラシオン・アプローチ：21世紀の経済学』(1991)、共著『市民社会と民主主義：レギュラシオン・アプローチから』(2018) を代表作として挙げておこう。

# あとがき

フランスの経済学がいかに経済学史上で独創的で、かつ重要な貢献をしてきたかがわかっていただけただろうか。「あとがき」では、なぜこのようなフランス経済学史の講義を執筆する気になったかの経緯を、簡単に記しておきたい。

私は小樽商科大学で経済学に入門してから、大阪大学の大学院修士課程でその基礎を学んだ。当時の阪大は最高の経済学者を擁していて（「近代経済学のメッカ」と称された）、世界水準の経済学を学ぶにはアメリカの大学院で学ぶ必要があると教えられ、ジョンズ・ホプキンス大学大学院に進学した。

その後、新しい文化に接したいと願ってフランスに渡った。INSEE（フランス国立統計経済研究所）とOECD（経済協力開発機構）での職業人であった。帰国してからも何度か訪仏して研鑽を重ねた。フランス語の文献を多く読んだし、特にフランス人の経済学者や政府関係者と討議を重ねることができたのは有益であった。

フランスで底の深い経済学の歴史を学ぶことができた。特に古い時代から数学・統計学を用いて独創的な経済分析を行ってきたこと、哲学・歴史学・社会学・文学を重視する分析手法が新鮮であった。主流と見なせるアングロ・アメリカンの経済学とは異なる姿を、いつかまとめて書いてみたいと胸に秘めていたが、その成果が本書である。

本書を読み返すと不思議なことに気付いた。論じたフランスの経済学者のほとんどは男性であった。例外はごく最近にノーベル経済学賞を受賞したエスター・デュフロのみであった。経済学は男性の学問であったことを再認識させられる。

ひとつの光明は本書に二人の日本人女性経済学者、すなわち栗田啓子と御崎加代子が登場したことだ。ご両人に続く経済学専攻者、あるいはフランス経済学の専門家の登場に期待したいものである。

フランスは、いわゆるアングロ・サクソンやゲルマンの文化とは異なる特色を有している。これに関しては、宣伝になって申し訳ないが、拙著『〝フランスかぶれ〟ニッポン』（藤原書店）で記されている。経済学徒としての本書と、一市民としての文化に関する仕事の前著を合わせると、私のフランス理解が凝縮されている。

最後になったが、明石書店の上田哲平氏は本書を勧められたし、効率的な編集作業をされた。心より感謝したい。しかし残っているかもしれない誤謬と、主張に関する責任は著者のみに帰されるものである。

２０２１年５月

橘木 俊詔

思想』2015 年 1 月臨時増刊号，88-101.
上田千秋，1984,『オウエンとニュー・ハーモニイ』ミネルヴァ書房.
上野喬，1995,『ミシェル・シュヴァリエ研究』木鐸社.
遠藤輝明編，1982,『国家と経済：フランス・ディリジスムの研究』東京大学出版会.
岡田純一，1982,『フランス経済学史研究』御茶の水書房.
鹿島茂，2011,『渋沢栄一 1・2』文藝春秋.
栗田啓子，1992,『エンジニア・エコノミスト：フランス公共経済学の成立』東京大学出版会.
河野健二，1974,『プルードン研究』岩波書店.
小林昇，2001,「リチャード・カンティロンとジェイムズ・ステュアート」『日本学士院紀要』第 55 巻第 3 号.（『経済学史春秋』未來社，2002 年所収）
橘木俊詔，1998,『日本の経済格差：所得と資産から考える』岩波書店.
橘木俊詔，2006,『格差社会：何が問題なのか』岩波書店.
橘木俊詔，2012,『課題解明の経済学史』朝日新聞出版.
橘木俊詔，2015a,『貧困大国ニッポンの課題：格差，社会保障，教育』人文書院.
橘木俊詔，2015b,『フランス産エリートはなぜ凄いのか』中央公論新社.
橘木俊詔，2016,『21 世紀日本の格差』岩波書店.
橘木俊詔，2017,『お金持ちの行動学』宝島社.
橘木俊詔，2019a,『“フランスかぶれ”ニッポン』藤原書店.
橘木俊詔，2019b,『日本の経済学史』法律文化社.
橘木俊詔，2020,『渋沢栄一：変わり身の早さと未来を見抜く眼力』平凡社.
橘木俊詔・浦川邦夫，2006,『日本の貧困研究』東京大学出版会.
橘木俊詔・森剛志，2005,『日本のお金持ち研究：Who are the Rich?』日本経済新聞社.
中嶋洋平，2018,『サン＝シモンとは何者か：科学，産業，そしてヨーロッパ』吉田書店.
ハーヴェイ，デヴィッド，2015,「ピケティ『資本』への補足」『現代思想』2015 年 1 月臨時増刊号，150-159.
土方直史，2003,『ロバート・オウエン』研究社.
菱山泉，1962,『重農学説と《経済表》の研究』有信堂.
平田清明，1965,『経済科学の創造：『経済表』とフランス革命』岩波書店.
御崎加代子，1998,『ワルラスの経済思想：一般均衡理論の社会ヴィジョン』名古屋大学出版会.
御崎加代子，2006,『フランス経済学史：ケネーからワルラスへ』昭和堂.
山田鋭夫，1991,『レギュラシオン・アプローチ：21 世紀の経済学』藤原書店.
山田鋭夫・植村博恭，2018,「レギュラシオン理論と日本経済分析：企業主義的調整様式の盛衰と成長体制の転換」山田鋭夫ほか『市民社会と民主主義：レギュラシオン・アプローチから』藤原書店，169-208.
米田昇平，2005,『欲求と秩序：18 世紀フランス経済学の展開』昭和堂.
米田昇平，2016,『経済学の起源：フランス 欲望の経済思想』京都大学学術出版会.
ローソン，ボブ，2015,「ピケティ『21 世紀の資本』批判」『現代思想』2015 年 1 月臨時増刊号，182-197.

Mun, Thomas, 1664, *England's Treasure by Foreign Trade.*（渡辺源次郎訳，1965，『外国貿易によるイングランドの財宝』東京大学出版会.）

Nicole, Pierre, 1671-78, *Essais de Morale.*（『道徳論』.）

Owen, Robert, 1813, *A New View of Society: or, Essays on the Principle of the Formation of the Human Character, and the Application of the Principle to Practice.*（楊井克巳訳，1954，『新社会観』岩波書店.）

Piketty, Thomas,［2001］2014, *Les hauts revenus en France au XXᵉ siècle: Inégalités et redistributions, 1901-1998*, Grasset.（山本知子・山田美明・岩澤雅利・相川千尋訳，2016，『格差と再分配：20 世紀フランスの資本』早川書房.）

Piketty, Thomas, 2013, *Le Capital au XXI Siècle*, Seuil.（山形浩生訳, 2014,『21 世紀の資本』みすず書房.）

Proudhon, Pierre-Joseph, 1840, Qu'est-ce que la Propriété?（長谷川進・江口幹訳，1971，『プルードンⅢ 所有とは何か』三一書房.）

Riha, Tomas, 1985, *German Political Economy: The History of an Alternative Economics.*（原田哲史・田村信一・内田博訳，1992，『ドイツ政治経済学：もうひとつの経済学の歴史』ミネルヴァ書房.）

Russell, Dean, 1969, *Frédéric Bastiat: Ideas and Influence*, Foundation for Economic Education.

Saint-Pierre, C.-I. Castel Abbé de, 1713, Projet Pour Rendre la Paix Perpétuelle en Europe.（本田裕志訳，2013，『永久平和論 1・2』京都大学学術出版会.）

Saniel, Lucien, 1901, *Territorial Expansion: Together with Statistics on the Growth of Socialism in America*, Labor News Co.

Say, J.-B., 1972, *Traité d'Économie Politique, préface de Georges Tapinos,* Calmann-Lévy.（増井幸雄訳，1925・1929，『経済学 上・下』岩波書店.）

Schumpeter, J. A., 1954, *History of Economic Analysis*, Oxford University Press.（東畑精一・福岡正夫訳，2005・2006，『経済分析の歴史 上・下』岩波書店.）

Smith, Adam, 1759, *The Theory of Moral Sentiments*, MetaLibri.（村井章子・北川知子訳，2014，『道徳感情論』日経 BP.）

Smith, Adam, 1776, *An Inquiry into the Nature and Causes of the Wealth of Nations.*（山岡洋一訳，2007，『国富論：国の豊かさの本質と原因についての研究 上・下』日本経済新聞出版.）

Sorel, Georges, 1908, *Réflections sur la Violence.*（今村仁司・塚原史訳，2007，『暴力論 上・下』岩波書店.）

Walker, D. A., 1983, *William Jaffe's Essays on Walras*, Cambridge University Press.

Walras, Léon, 1874, *Éléments d'Économie Politique Pure: Ou Théorie de La Richesse Sociale.*（手塚寿郎訳『純粋経済学要論 上』青空文庫.）

Weber, Max, 1904-05, *Die Protestantische Ethik und der Geist des Kapitalismus.*（梶山力・大塚久雄訳，1955・1962，『プロテスタンティズムの倫理と資本主義の精神 上・下』岩波書店.）

石井洋二郎，2009，『科学から空想へ：よみがえるフーリエ』藤原書店.

伊藤誠，2015，「『21 世紀の資本』論と『資本論』：格差再拡大の政治経済学」『現代

## 参考文献一覧

（本文中に記した文献の中にはここで再掲していないものもある）


Aglietta, Michel, 1976, *Régulation et Crises du Capitalisme: L'expérience des Etats-Unis*, Calmann-Lévy.（若森章孝ほか訳，1989，『資本主義のレギュラシオン理論：政治経済学の革新』大村書店.）

Allais, Maurice, 1947, *Économie et Intérêt*, Imprimerie Nationale.

Allais, Maurice, 1952, *Traité d'Économie Pure*, Imprimerie Nationale.

Amable, Bruno, 2003, *The Diversity of Modern Capitalism*, Oxford University Press.（山田鋭夫ほか訳，2005，『五つの資本主義：グローバリズム時代における社会経済システムの多様性』藤原書店.）

Bastiat, Frédéric, 1845, *Economic Sophisms*.（林正明訳，1878，『経済弁妄』丸家善七.）

Bastiat, Frédéric, 1850, *La Loi*.

Bertrand, J., 1883, "Review of Recherches sur les principles mathématique de la théorie des richesses," *Journal des Savants*, Vol.67.

Biard, L., 1842, *Biographie Veridique de M. Michel Chevalier Suivie d'en Examen de ses Principes en Industrie*.

Boisguilbert, Pierre le Pesant de, 1695, *Le Détail de la France* in Pierre de Boisquilbert ou la naissance de l'économie politique, 2vols, INED 1966.（『フランス詳論』.）

Boyer, Robert, 2015, *Économie Politique des Capitalismes: Théorie de la Régulation et des Crises*, Découverte.

Cantillon, Richard, 1755, *Essai sur la Nature du Commerce en Général*.（津田内匠訳，1992，『商業試論』名古屋大学出版会.）

Cournot, Antoine Augustin, 1838, *Recherches sur les Principes Mathématiques de la Théorie des Richesses*.

Forbonnais, François Véron, 1755, *Eléments du Commerce*, 2vols, François Changuion.（『商業要論』.）

Forbonnais, François Véron, 1767, *Principes et Observations Économiques*, 2vols, Marc Michel Rey [München, Kraus, 1980].（『経済の原理と考察』.）

Fourier, François Marie Charles, 1808, *Théorie des Quatre Mouvements et des Destinées Générales*.（巖谷國士訳，2002，『四運動の理論 上・下』現代思潮新社.）

Gournay, V. de, 1983, *Traités sur le commerce de Josiah Child et Remarques inédites de Vincent de Gournay*, éd. par Takumi Tsuda, Kinokuniya.

Mandeville, Bernard de, 1714, *The Fables of the Bees: or, Private Vices, Publick Benefits*.（泉谷治訳，1985，『蜂の寓話：私悪すなわち公益』法政大学出版局.）

Melon, Jean François, 1736, *Essai Politique sur le Commerce*.（『商業に関する政治的試論』.）

Morishima, Michio, 1977, *Walras' Economics: A Pure Theory of Capital and Money*, Cambridge University Press.（西村和雄訳，1983，『ワルラスの経済学：資本と貨幣の純粋理論』東洋経済新報社.）

Mun, Thomas, 1621, *A Discourse of Trade, from England unto the East Indies*.（堀江英一・河野健二訳，1942，『重商主義論』有斐閣.）

【著者紹介】

橘木 俊詔（たちばなき としあき） 京都女子大学客員教授，京都大学名誉教授

1943 年兵庫県生まれ。
小樽商科大学，大阪大学大学院を経て，ジョンズ・ホプキンス大学大学院博士課程修了（Ph.D.)。京都大学教授，同志社大学教授を歴任。元日本経済学会会長。
専門は経済学，特に労働経済学。フランス，アメリカ，イギリス，ドイツで研究職・教育職に従事するとともに，日本銀行，経済産業省などで客員研究員を経験。
和文，英文，仏文の著書・論文が多数ある。
〔主要近著〕
『日本の構造：50 の統計データで読む国のかたち』（講談社，2021 年）
『教育格差の経済学：何が子どもの将来を決めるのか』（NHK 出版，2020 年）
『“フランスかぶれ” ニッポン』（藤原書店，2019 年）
『日本の経済学史』（法律文化社，2019 年）
『21 世紀日本の格差』（岩波書店，2016 年）
『フランス産エリートはなぜ凄いのか』（中央公論新社，2015 年）

# フランス経済学史教養講義
## ——資本主義と社会主義の葛藤


二〇二一年七月三〇日　初版第一刷発行

著　者——橘　木　俊　詔
発行者——大　江　道　雅
発行所——株式会社　明石書店
〒一〇一-〇〇二一　東京都千代田区外神田六-九-五
電　話　〇三-五八一八-一一七一
ＦＡＸ　〇三-五八一八-一一七四
https://www.akashi.co.jp/
装　幀——明石書店デザイン室
組　版——朝日メディアインターナショナル　株式会社
印　刷——株式会社　文化カラー印刷
製　本——協栄製本　株式会社

ISBN 978-4-7503-5225-1